あなたのハンデを10縮める

宮里流30のドリル

ティーチング・プロ
宮里 優

二見書房

●取材協力――ベルビーチゴルフクラブ、大北ゴルフ練習場
●構成――川野美佳
●スポーツニッポン新聞社――佐藤彰雄／撮影　塩田　順
●イラストレーション――伊藤京介
●DTPオペレーション――鹿内照元

まえがき

「パートⅠ」についてはスポーツニッポン新聞紙上に連載中から多くの読者、ゴルフ愛好家の方々に注目していただき、発刊後も反響は大きく、私の生徒さんからも「あそこにああ書いてあったけど具体的にはどうすれば？」「もっと詳しく知りたい」などの質問、要望を受けました。

今回の「パートⅡ」は引き続き、04年10月から05年4月まで計30回にわたって同新聞に掲載されたレッスンをまとめたものですが、連載続行に際してのテーマの絞り方として、そうした皆さんの声を重視したいという気持ちが私には強くありました。例えば「バックスイングはゆっくり」という基本があります。言うのも聞くのも簡単ですが、いざ実践するとなると、ではゆっくりの度合いとはどの程度なのか、具体的にどこをどうチェックしたらゆっくり振れるのかなど、一つ奥の新たなテーマが浮かび上がってきます。

「パートⅡ」ではそれらを解明、基本を一つ一つ完全に理解しマスターすることにより、スコアもハンデも「10」縮めるためのドリルを展開させました。上達を願うアマチュアの皆さんが、日々の練習で、あるいは一つの壁にぶつかったとき、「パートⅠ」「パートⅡ」をひもとくことによって〝ああ、そうだったのか〟と原点に戻り、再び前進の指針としていただくことができれば、ティーチングプロの私にとってこれほどうれしいことはありません。

基本編の「パートⅠ」から、さらに一歩を踏みこんだ本書「パートⅡ」の発刊に際し、活字にしにくい部分として私がアマチュアの皆さんに知っておいていただきたいのは、ゴルフに感性は欠かせないということです。コースに出ればあらゆる状況が待ち受けるなか、どういうイメージをもって対処していくか。これはプレーヤー個々の感性に関わってきます。

本書でも触れていることですが、私はドライバーで100ヤードを打つ練習も大切なこととしています。これはドライバーは飛ばすためだけのクラブではないという発想の転換ですが、コースに出て必ず生きてきます。例えば木の枝の下を抜かなければならないケースなどでロフトの少ないクラブを選択するとき、ドライバーで転がしてみようかという発想は感性であり、練習していれば多くの引き出しを持つことができるということです。

また、グリーン周りからピンを狙うアプローチにしても、クラブの選択、打ち方の選択は感性が多くのウエートを占めてきます。私は長男の聖志、二男の優作には3歳から、長女の藍には4歳からゴルフを教えましたが、いずれも幼年期の遊びのゴルフの中で無意識に磨かれた感性、さまざまな発想が、今に生きているところが見られます。こうしたことが1打の短縮につながるなら、アマチュアの皆さんも大事にしたいものです。

29歳でゴルフを始め、必要に迫られてティーチングプロの道を歩んだ私の人生は七転び八起きでしたが、ゴルフに関しては〝楽しくなければならない〟〝美しくなければならない〟が持論です。皆さんも楽しく美しくをモットーに上達してください。

宮里　優

目次

目次

あなたのハンデを10縮める

宮里流30のドリル

ドリル

1

「ゆっくり振る」は〝一石四鳥〟

左肩を右肩の位置にこんなに回して正解!!

宮里流の大きな特徴は、クラブをゆっくり振ることだ。では具体的に、どこをどうすればゆっくり振れるのか。〝ゆっくりクラブを上げるためのコツ〟を徹底解明した。

「ゆっくり振るのは難しいという声を多く耳にします。しかし、これだけ厚みのある人間の胴体を回そうとしたらテークバックはある程度、ゆっくり行わないといかん。バックスイングが早い人は肩の回転が浅すぎるのではないでしょうか？　腕でクラブを上げようとするとスイングは早くなる。ゆっくり上げるには肩の入れ替えが必要です」

藍ちゃんのスイングを見ればいい。あれだけゆったり振って遠くに飛ばすのだから、ゆっくりスイングには必ず何かメリットがあるはずだ。

「なぜバックスイングをゆっくり上げたほうがい

ムを体に覚えさせておくことが大切だ。打ち急ぎは百害あって一利なしと肝に銘じよう。

打ち急ぎ アマチュアに多い、これもミスの1つ。ショットの精度を高めるためにスイングのリズ

いかといえば、クラブを正しい軌道に乗せやすいというのが第1の理由。さらにアドレスで構えたところにクラブを正しく戻し、ボールの芯をとらえるためにもゆっくりのほうがよろしい」

金づちで小さな釘の頭を叩くところをイメージしてほしい。ゆっくり振り上げ、狙いを定めて振り下ろしたほうが命中率は高くなる。

「小さなボールをヘッドの芯で的確にとらえるのには、やみくもにクラブを振り回してもダメ。きちんと狙いを定めなくては」

上半身は「2軸」

さらにゆっくりテークバックには、ダウンスイングでタメをつくりやすいというメリットもある。一石二鳥どころか三鳥も四鳥もあるゆっくりリズム。コツは〝肩の入れ替え〟にある。

「左肩を右肩のつけ根の位置に入れ替える。そこまで回せばスイングは当然、ゆっくりにならざるをえない。このとき背中はターゲットに正対させましょう。背中がターゲットを見るまで肩を回すのがポイントです」

左肩を右肩のつけ根の位置まで持ってくると、左腕が体から抜けフリーの状態に。これなら腕を長く使うことができるしスイングアークも大きくなる。

「アマチュアは肩の回転が浅いので、左腕が体にブロックされ、ひじが曲がってアークが小さくなる。また腕でひょいとクラブを上げると重心が左に残って、いわゆる逆ディボットになりやすい。左肩を右肩の位置まで回すと、たいていの人は〝こんなに回っていいんですか?〟と驚きますが、これが正解です。上半身は2軸のイメージで、体全体を大胆に横へ回す意識を持ってください」

この肩の入れ替えドリルに1週間みっちり取り組んでマスターしていただきたい。上達のポイントを一つ一つ克服していくことにより、あなたのハンディキャップは確実に「10」減っているはずだ。

優作のアドレスからトップのスイングも、左肩が右肩の位置に入れ替わっている

優ポイント
切り返しは一気に

ゆっくりバックスイングの効能は、藍を見てもらえばよくわかっていただけると思います。あの身長であれだけ大きなスイングアークを作るには、肩の回転が十分でなければならんのです。トップで左腕が体から完全に抜け、両腕がフリーになった状態まで体を回すから、あれだけアークを大きくできるのです。

腕っぷしの強い男性は無意識のうちに小手先でクラブを上げてしまう傾向がありますから要注意。肩を横に回転させる意識でクラブを上げてみてください。

ただし、バックスイングはゆっくりでも、切り返し以降は腰の強いリードで一気に振り抜くほうがよろしい。イチ・ニー・サンがスイングのリズムだとすれば、イチ・ニーまでの2拍でトップをつくり、サンで一気に振り抜く。この感覚をお忘れなく。

ドリル2

練習場の〝魔物〟にだまされるな

悩みの種・ダフリ撲滅　耳からカミ技!!

練習場のマットからのショットには気をつけなければいけない。ダフっていてもマットの上をソールが滑ることで、そこそこの打球が出るからだ。確実にクリーンヒットするためには、どうしたらいいか。宮里流の練習方法で克服すれば、コースに出てダフリのミスは必ず減る。

ダフリは耳で聞き分ける

練習場ではうまくいくのにコースに出るとダフってばかり。こんな〝持病〟をお持ちの方は、練習場のマットのせいで自分がダフっていることに気づいていない可能性がある。練習場のマットからダフらず、ボールをクリーンにとらえられるための処方箋とは？

「練習場のマットからはよほどクリーンに打つ習慣をつけないと、芝からボールをクリーンヒットすることはできません。マットからなら多

頭が右に移動したとき、ギッタン・バッタンのスイングになったときなどに起きる。

ダフる 何が原因で球の手前を叩くのか。アドレス時よりダウンの姿勢が低くなったとき、バックスイングで

少ダフってもヘッドのソールが滑ってうまく打てたような気になってしまうものですからね」

クリーンヒットとそうでない場合、それを見分ける方法はあるのだろうか？

「もちろんあります。球を打ったときの打球音で判断すればよろしい。たとえマットの上からでもダフらずクリーンに当たったときは、一眼レフのカメラのシャッターを切ったときのような〝カシャッ!!〟という澄んだ音がするものです。逆にダフると音は濁る」

確かに手応えがよかったときは打球音もさわやかに聞こえる。

「バシャッ、ベシャッなら、コースに出て間違いなくダフっています。スイングを見なくても、打球音を聞けば、それがナイスショットかそうでなかったかがわかりますよ」

クリーンヒットの感覚を養う方法

ではここで悩めるダファーのため、クリーン

優ポイント

優作がまだ小学生の頃、トム・カイトのコーチをしていたある有名なインストラクターが沖縄を訪れ、レッスン会を開いたことがありました。彼は優作のゴルフを見て「未来のチャンピオンはキミだ」とほめてくれましたが、そのとき、印象に残ったのが、ボールの後方にバンカーレイキを置いたままショットを打つデモンストレーションでした。

歯の部分を上に向け後方に置かれたレイキにテークバックやダウンスイングでヘッドが激突するのではないかとハラハラしたものですが、彼は気にする様子もなく見事なショットを連発したのです。

今回、紙切れをボールの後ろに置くドリルを紹介しましたが、ショートアイアンならもっと厚みのある障害物を置いても、入射角が正しく、クリーンに球が打てていれば邪魔にならないはずです。まずは紙切れで自分がどれくらいダフっていたか再認識してみてください。

障害物の厚み↗でレベル↗

藍のアプローチショットも耳をすませば〝カシャッ〟

ヒットの感覚を養うドリルを紹介してもらおう。

「ボールの後方5～10センチのところに3～4センチ四方の紙を置きます。で、そのまま球を打つ。紙が飛んでしまったら、ダフった証拠。打った後も元の場所に紙が残っていれば、クリーンヒット成功です」

試してみると、確かに紙を飛ばさず打てたときは、カメラのシャッター音のような澄んだ打球音が練習場にこだまする。

「トップ気味の球が出てもかまいません。ただカシャッという音を出さなければいかん。たまにヘッドのバウンスのせいで紙が飛ぶことがありますが、それはOK。クラブの歯で紙を飛ばさなければ合格です」

これなら練習場のマットからでも、自分がクリーンヒットしたかそうでなかったかが一目瞭然。このドリルで、クリーンヒットしたときの感覚を体に覚えこませれば、コースでダフる心配は激減するはずだ。

「ウッドやロングアイアンはインパクトがやや下から入ってくるので、このドリルは9番アイアンくらいのショートアイアンで行うのがいいでしょう」

ボールの後方に置くのはマーカーでもいいが、コインだとダフったときに「なくしたらもったいないでしょう」と心優しい宮里先生。小さな紙を置くのが、心配無用でベストのようだ。

ドリル 3

飛距離UPはアドレスから
体とグリップの間隔拳1個分が最大のコツ

プロが見せる〝タメ〟のあるダウンスイングはアマチュアの羨望《せんぼう》のひとつだ。ヘッドスピードを増し、打球の勢いに大きく関わるタメは、どうしたらつくれるか。あと10ヤードの飛距離アップは、ボールの近くに立つことで得られる。

タメが飛距離を伸ばす

飛ばしたい。あと10ヤード飛距離を伸ばしたい。これはすべてのゴルファーの永遠の願いだ。飛距離が伸びればセカンドが断然ラクになる。飛距離アップを目指す諸君、そのヒントは意外にもアドレスにあった。

「ダウンでいかにタメをつくれるかがボールを遠くに飛ばす唯一、かつ最大のコツです。しかし、それには下準備が必要。まずはタメをつくれるようなアドレスを構築することが最も重要

鉄則であるレートヒッティングが原動力となる。タメはそのためにも欠かせない。

ヘッドスピード　ボールを遠くに飛ばすためのヘッドの速力。腕力だけでは得られず、ゴルフスイングの

です」

　タメをつくれるような構えとは、いかなるものか？

「カギを握るのは、体とグリップエンドの間隔です。アマチュアはボールから離れて構えるクセがある人が圧倒的に多い。が、球から遠いと、ダウンで脇を開けてヘッドを球に当てにいかないと打てません。ところが、これはタメとは相反する動き。タメというのは、ダウンで右脇を締めながら手首のコックをなるべく我慢してクラブを下ろしてきたとき、初めてつくられるもの。脇を締めてクラブをインサイドから下ろしてきたときに、球がそこにある状態をアドレスでつくっておかなければいかん」

タメをつくるには球の近くに立つ

　つまり、球を遠くに飛ばすためには、球に近づいて立つ必要があるということだ。

「体とグリップエンドの間隔は拳1個分という

優ポイント

藍も油断すると「2個分」になる

　最近の藍は、飛距離が20ヤード伸びています。これは技術、筋力、道具が三位一体となり相乗効果を生んだ結果ですが、少しでも油断をすると平気で20ヤード距離が落ちることもあります。

　つい先日もテレビで試合中の藍のスイングをチェックしていたら、グリップエンドとおヘソの間が拳2個分になっていました。すぐに電話で「球から遠すぎる」と指摘しましたが、あれだけ離れて立ったら、ヘッドの芯どころか先っぽでしか球をとらえることはできません。案の定「ボールが右にしか行かなかった」と藍も納得。しかし、疲れたり体調が悪いとプロでも知らず知らずのうちに狭いアドレス＝飛距離の出る構えができなくなってしまうものです。

　飛ばないのはスイングに欠陥があるからと考えがちですが、アドレスで勝負が決まっていることのほうが実は多いのです。

のが目安です。ドライバーはクラブが長い分、それより少し（拳半個分）遠くなってもかまいません。でも、クラブをなるべく体の近くに通したほうが飛距離は伸ばせますから、この狭い間隔のアドレスを覚えていただきたい」

前傾が深くなりすぎたり、極端にグリップを下げたハンドダウンに構えると、ボールは体から遠くなる。その体勢を客観的に見ると、確かにグリップとおヘソの間隔は拳2～3個分は軽く離れている。

「離れれば離れるほど、パワーは半減されていきます。タメをつくろうにも、右脇を締めてクラブを下ろしたら、ボールははるか前方。脇を開けて当てにいくか、空振りするしか道はありません」

クラブの通過点でボールをとらえるためにも、体とクラブの間隔は拳1個分が理想。しかも、そのほうがジャストミートの確率も上がる。

「近くで構えるには前傾を深くしすぎないことが大切です。ひざを突っ張った状態で腰から上半身を前傾させ、ひざは軽く曲げる程度でよろしい。背筋をスッと伸ばし高く構えることも〝飛び〟のアドレスには欠かせません。多少窮屈でしょうが、拳1個分の狭いアドレスをぜひともマスターしてください」

お腹の出ている人は拳1個半分なら許容範囲。次回は飛距離アップの最大のコツとなる〝タメ〟の正体に迫る。

グリップエンドが体に近い藍のアドレス

ドリル 4

右手グリップは正面 テコの原理で「И」をつくる

飛ばすなら タメなきゃダメ

右手首のコック解放を我慢

飛ばしたいときには体とグリップエンドの間隔を拳1個分まで詰め、狭いアドレスをつくるべし、と前回で解説した。いよいよ今回は、飛ばしのマジックムーブ（魔法の動き）＝タメの正体に迫る。

「タメとはハーフウエーダウンで右腕がつくるアルファベットの〝N〟に似たИの動きを指します。いきなり〝И〟といってもわかりにくいでしょうが、グリップが右ウエストの真横に来たとき、右ひじを体に向けて絞りこみながら右手首のコックが解けていない状態を〝タメ〟と呼ぶのです」

右脇の間隔を縮めながらコックをぎりぎりまで我慢させる。そのタメ一つで飛距離がアップ

返しは下半身がリード。左足へのウエートシフト、ボディーターンができて、タメもつくれる。

打ち急ぎは厳禁　手だけで打ち急いだ場合には、タメはつくれない。トップからダウンへの切り

するというのだろうか?

「もちろんです。コックをぎりぎりまで我慢すれば、ハーフウエーダウンで右手のひらは正面を向くはず。ところがアマチュアのほとんどは右手のひらをボールに向けてしまっている。だからエネルギーが伝わりにくく球も飛ばせないのです」

なるほど、我々アマチュアは切り返し直後に球を叩きにいこうとするあまり、コックを解いてしまっていることが多い。

「飛ばすためには、テコの原理を利用しなければいかんのです。ぎりぎりまでコックを解かず我慢したあとで、右手首をテコの支点にすれば、ほんのわずかな力でヘッドを思いきり加速することができます」

下半身を生かしてこそ

テコの原理を利用してつくる〝タメ〟の動きは、ゴルフに限らず他のスポーツにも共通する。

「野球のピッチャーの投球動作を思い浮かべてください。振りかぶってボールを投げるとき、必ず右ひじ(右利きの場合)が先行し右手首はコックされた状態で球をホールドしてるでしょ。で、ボールが手から離れる瞬間、手首のスナップを使って投げる。アンダースローならなお、ゴルフのダウンのイメージと一緒です」

やり投げの投てき動作もバレーボールのアタックも、ひじと手首を支点にテコの原理でやりや球にパワーを伝えるのは〝タメ〟の要領とまったく同じ。

「しかし、タメはただ腕だけでつくれるものではありません。切り返し以降、力強い下半身のリードがあってこそスムーズに右脇の間隔が縮まり、コックを解くタイミングを遅らせることができるのです。だからヘッドスピードも上がる。逆に上半身で球を打ちにいくとコックが早く解け、右手のひらがボールを見る典型的なアマチュアスイングに陥ってしまうのです」

飛ばしたいときは、ハーフウエーダウンで右手のひらを正面に向ける。このポイントを押さえたシャドースイングを鏡の前で徹底的に行う。次回までの宿題はこれに決定だ。

コックを解かず「И」をつくるタメができている藍のダウンスイング

優ポイント
「M」か「И」か試行錯誤中

インストラクターは日々のレッスンの中で言葉の使い方に苦心するものです。感覚派にはこういう表現、理論派にはああいう表現というように、ひとつの物事を説明するにも、ひとりひとりの感性にあった響きを探さなければなりません。

そこで最近悩んでいるのが〝タメ〟を一言でうまく表現する言葉です。文章の中で私はアルファベットの〝N〟に似た〝И〟の文字を引用してみましたが「飛ばしのマジックムーブ」という意味では〝M〟と表現したほうがわかりやすいのか試行錯誤の最中です。

右ひじが先行し手首のコックが解けていないダウンでの右腕の状態は、確かに〝И〟にも見えるが、他にもいい表現があるかもわからん。それを探すのがインストラクターの苦労でもあり面白みでもありますが、皆さんも何かいいアイディアを思いついたら、ご一報いただければ幸いです。

ドリル5

タメになる簡単筋トレでフォローも体得

飛距離伸ばすにゃゴム伸ばせ

球を遠くに飛ばすための魔法の動き「タメ」の正体を探った前回に続き、今回も飛ばしたい人必読のドリルを紹介する。〝飛ばしの筋力アップ〟に直結するゴムを使った簡単なトレーニング。その方法は？

「筋力アップというと、何か重いものを持ち上げて汗をかかなきゃいけない、と思いがちですが、負荷の大きなトレーニングで鍛えられるの

タメをつくることはわかっていても、そう簡単にはいかないのがアマチュアの悩みだ。そこで宮里流では、タメの感覚を体感するためにゴムを利用したトレーニングがお勧め。日々続ければ、筋力アップ、さらにはフォローでの腕の動きも体感できる一石三鳥の効果的な練習法だ。

負担軽い〝チューブ〟で十分

とが上達につながる。ゴムを使っての練習も日々、地道に続けることで成果が出る。

チューブを引っ張って放すことで、フォローの感覚もマスター

上達は基本の習得　ゴルフの上達に近道なし、といわれるように、コツコツと基本技術を学んでいくこ

は表面的な硬い筋肉です。実は細いゴムを柱にくくりつけ、片手で引っ張る負荷の軽い運動のほうがゴルフの上達に役立つ柔らかい筋肉アップに役立つのです」

宮里氏が拠点とする大北ゴルフ練習場（沖縄・名護市）には、柱に自転車のチューブがくくりつけられている。チューブでなくてもトレーニング用品売り場で簡単に手に入る細めのゴムを柱にくくりつけ、力を入れるときに息を吐きながら引っ張れば、ダウンスイングでタメをつくるのに必要な上腕の筋肉増強ができる。

「歯を食いしばって太いゴムを引っ張る必要はありません。負荷は軽くて大丈夫。あくまでも柔らかい筋肉をつけるのが目的ですから。片手ずつ、横向きでゴムをテンポよく引っ張ったら、次はゴムを両手で持ちダウンスイングの要領で腰のリードでグイッと引っ張るドリルにも挑戦してみてください」

腕力だけでなく、力強い腰のねじり戻しでゴ

優ポイント

トップよりフォロー大きく

藍は身長が1メートル54しかありませんが、小柄なことを感じさせないフォローの大きさがスイングの特徴です。飛ばそうとするとトップを欲張る人が多いが、それは決して得策ではない。むしろフォローを大きくしたほうがアーク（弧）が広がりヘッドスピードは上がるということを藍は証明しているのです。

藍のように両腕を天に向かって伸ばす大きなフォローは、体が硬い男性には難しいかもしれません。が、左脇を体から切り離し、なるべく両腕を伸ばす意識は忘れてもらいたくないものです。

本文でも触れましたが、世界ナンバーワンのビジェイ・シンが左脇を締めているからといって、体型が全く違う我々がマネをしても意味がない。むしろピンと張ったゴムを手放したときの左腕の伸びを体感し大きなフォローを体得したほうがずっと効果的です。

ムを引く。このとき、左右の脇を適度に締めた状態をつくれば、ダウンでのタメと同じ感覚が体感できる。

「右脇は締まっているが手首のコックは解けていない状態。これをゴムのドリルでも体感していただきたい」

左脇開けて重心移動スムーズ

　さらにはインパクトの状態までゴムを目いっぱい引っ張った後、ゴムをサッと手から放すと、フォローで左脇を体から切り離し大きなフォローをつくる腕の動きが体得できる。

「ゴムを手から放したとたん、腕は勢いよくターゲット方向に放り投げられるでしょ。アマチュアの多くはクラブを持つとこの動きができないものなのです。インパクト直後に左ひじを外に張ってグリップを左に巻きこもうとしたがる。だからヘッドが走らず、アークも小さくなってしまうのです。ゴムを手放すことで、インパクト以降、左脇を勢いよく体から切り離すフィーリングを覚えてもらいたいですね」

　左にクラブを巻きこむと、ヘッドの動きが小さくなり重心が後ろに残りやすい。しかし、思いきって左脇を開けて腕を伸ばせば、ヘッドが遠くに走り、重心も前へ行く。

「重心移動が頭で考えなくても自然にできるようになります。ビジェイ・シンのように体が大きければ左脇を締めるのもいいが、日本人はフォローで左脇を切り離さなければ球を飛ばすことはできません」

　ゴムを使った筋力アップトレーニング。さっそく今日から取り組みたい。

小柄な体ながら大きなフォローをとる藍のスイング

ドリル6

右手はテークバックからトップまでは「添えるだけ」

中高年にもできる飛距離20ヤードアップの秘策

飛ばすために欠かせないヘッドスピードは、力任せのスイングでは得られない。ポイントは右手の緩急。テークバックで殺し、ダウンスイングで生かすのが、宮里流の極意だ。さらにインパクト直後のフォローでヘッドを走らせる意識が、インパクトの強さを生む。

"殺して生かす"

飛距離をあと20ヤード伸ばせたら……。ゴルファーなら誰もが願うその望みを叶えるには、ヘッドスピードの向上が必須条件となる。体力の衰えを感じる中高年にもできる「ヘッドスピードアップの秘策」を聞いた。

「インパクトでヘッドスピードを上げるには、右手の使い方がポイントになります。テークバックの始動からトップまで、右手は添えるだけの意識を持つほうがよろしい。あまり右手に力を入れすぎが、左手と右手の戦いは永遠の課題。要は、いかにバランスよく両手を使えるかにある。

左手主導　ゴルフは左手のゲームとは古くからいわれることだ。強い右手による弊害を戒める言葉だ

るとダウンでヘッドを走らせることができなくなるからです」

テークバックで右手に余計な力を入れると、クラブが理想の軌道よりアウトサイド(外側)に上がりやすく、フェースがシャット(クローズ=閉じる)になりやすいうえ、トップで力みが出て、かえってインパクトが緩みやすくなる。

「右利きの人は特に右手でクラブを操作したがりますが、力が入りすぎるとトップで息切れして、インパクトからフォローがおろそかになってしまう。トップまでは意識的に右手は殺し、左肩からクラブヘッドまでの1本のラインを同時に動かし、この半径(左肩〜ヘッド)を崩さないようにテークバックを行いたいものです」

体の左サイドを一直線にして半径を崩さずに上げれば、常にフェースは飛球線に対してスクエア(平行)な状態を保てる。

「切り返し以降は、いよいよ右手の出番です。ハーフウエーダウンでコックを解きはじめる瞬間から、添えるだけの状態だった右手を積極的に使ってクラブを走らせる。いつもいうように、手だけでクラブを振るのは間違い。腰の力強いリードの手助けが必要です」

ヘッドスピードを上げられるのは1カ所

テークバックは左手1本で上げ、ハーフウエーダウンからは右手で積極的にグリップをターンさせる意識を持つ。これがヘッドスピードを上げるコツだ。

「そのうえで覚えておきたいのが、スイング中、ヘッドのスピードを上げられるのは〝1カ所だけ〟ということ。その1カ所をどこに設定すれば一番球を遠くに飛ばせるのか?。それはインパクト直後からグリップが左腰に来るまで約45度の三角地点。ここでクラブが空を切るビュッという音を出すことが望ましい」

インパクトではなくフォローでビュッと走らせるからこそ、肝心のインパクトでヘッドスピードをマックスにできるのだ。
「この感覚を実感するには**クラブを上下逆さまに握って素振り**をし、インパクト以降、45度の三角地点でビュッと音をさせるドリルがお勧めです」
ダウンで右手を有効に使った逆さ素振りドリルでヘッドを走らせる感触をつかめば、20ヤード飛距離アップが見えてくる。

飛距離を伸ばすために逆さ素振りで「ビュッ」の音を確認しよう

優ポイント
テコの要領でグリップをターン

「右手はスイングの破壊者である」といったのは、フックで悩み、スクエアグリップで開眼したベン・ホーガンでした。右手で叩きにいくとボールはヘソを曲げて左に曲がる。重症のフック病を患ったホーガンは、右手を殺してトッププロの座をつかんだのです。

しかし、私はスイングを通して右手を殺す必要はないと考えています。ダウンでグリップが右腰の真横に来るまではコックを解かずに我慢するのがタメを作るコツだという話を前回しましたが、それ以降は右手でグリップを返す、いわゆるリリースの動きがヘッドを加速させる大きなポイントになります。決してボールを叩きにいくのではなく、ハーフウエーダウンから右手のコックを解き、テコの要領でグリップをターンさせるのです。

右手を生かすも殺すもあなた次第。生かすのはダウン、殺すのはテークバックと覚えてください。

ドリル7

効果的な「ノーテークバック」練習

ヘッドを〝遠くに放り投げて〟伸びやかで大きなフォロー

十分なフォローをとるためには左ひじを脇から切り離し、ヘッドを遠くに放り投げる意識が必要となる。この感覚を会得するには左腕1本での素振りが効果的だ。さらにフォローでクラブと体を一体化して振り抜くための練習方法を紹介しよう。

2段構えドリル

大きなフォローで飛ばしたい。だが、年齢とともに関節は硬直、伸びやかなフォローはアマチュアにとって夢と化している。そんな読者のために、藍ちゃんのように気持ちよく振り抜く方法を聞いた。

まずは左腕1本の素振りから

「フォローでヘッドを走らせる第1のポイントは、左ひじを脇から切り離し、ヘッドを遠くに

得られる。大きなフォローにスエーは禁物。頭と体の位置、軸には注意が最も必要だ。

放り投げることです。インパクト直後にひじが曲がって腕が縮まっては、大きなフォローも、最後まで振り抜くことも難しい。まずは左腕1本の素振りで左ひじを伸ばすイメージをつくることから始めましょう」

左腕1本の素振りでひじを脇から切り離すイメージが湧いてきたら、次はフ

大きなフォロー 安定したフィニッシュへと至るフォロースルーは、ヘッドが正しい軌道を走ったときに

ォローでクラブと体をいかに一体化して振り抜けるかがカギになる。

「前回、ハーフウエーダウン以降、右手でヘッドを走らせるという話をしましたが、右手で球を叩く意識が強すぎると、スイングのバランスが崩れやすいのもまた確かです。インパクト以前にエネルギーを使い果たし、フォローがおろそかになる恐れがあります。そこで、インパクトからフォローにかけてクラブと体がどういう動きをすれば気持ちよく振り抜けるのか？　それを体感できるドリルを紹介しましょう」

ノーテークバック練習

「まずボールの前でインパクトの状態をつくります。ここで重要なのが、インパクトはアドレスの再現ではないということ。アドレスで腰は正面を向きますが、インパクトでは腰が上半身をリードするため、ベルトのバックルは左斜め45度前方を向くのが正解。その体勢でテークバックは行わず、フェースにボールを乗せてフォローまで振り抜いてみてください」

バックスイングなしで球を前方（目標方向）へ運ぶのだから、腕と体の動きが正しくなければこのドリルは難しい。

「もちろん、球を遠くまで飛ばす必要はありません。ゴロでもいいから真っすぐ前に進めば、それでよしとします」

インパクトの状態から両腕を伸ばしながら、前腕をうまくロールさせてフェースを返し、球を前に運ぶ動作を繰り返していくと、右腕の使い方や左脇を切り離す感覚がしだいに体に染みこんでくる。

「ヘッドのトゥ部分が空を向くよう振り抜いていきましょう。このとき両ひじを曲げてグリップを左に巻きこんでは、ボールを前に運ぶことはできません。どうです？　大きなフォローで球を運ぶイメージが湧いてきたでしょう」

左手1本素振りと、インパクトの状態からボールをフェースに乗せて振り抜くドリル。2段構えのドリルで、のびのびフォローをゲットしよう。

理想的な藍の伸びやかなフォロー

優ポイント

頭の隅に〝サム・ダウン〟

子供たちの調子が悪くなるとき、たいていバックスイングのどこかでクラブが誤った動きをしています。しかし、不思議なことにフォローが悪くなることはありません。それは小さなころから、フォローでは左ひじを脇から切り離し、空に向かって大きく振り抜く習慣がついているからでしょう。

大きなフォローをつくるためにワンポイントつけ加えるとすれば、フォローではあまり早く左手の親指を上に向けないことが大事。これを私は〝サム・ダウン＝親指を下げる〟と呼んでいますが、左親指はヒッチハイクのように立てるのではなく、手首を平らにして左親指が地面を指す時間を長く保つほうが、大きなフォロー、大きなアークにつながると思って間違いありません。皆さんにもぜひ、頭の片隅に〝サム・ダウン〟という言葉をとどめておいていただきたいものです。

ドリル8

両腕脱力で脱ノーコン

方向性安定 これが理想のアドレス

いくら飛ばしても方向が見当違いでは意味がない。方向性の安定はスコアメークに欠かせない重要事項。まず構えをチェック、さらに体と腕の関係、グリップの位置などをもう一度、再確認してみよう。スイングの精度を上げるには、正しい構えをつくることが第一歩となる。

体は〝く〟の字、両腕はダラリ

前項まで5回にわたって飛ばしのハウツーを学んできた。飛距離アップのコツをつかんだ後は、いかに方向性を安定させるかにテーマを移そう。グリーンをピンポイントで攻める秘策を探った。

「方向性が悪い人は、構え、つまりアドレスに問題がある人が多いように思います。そういう人はスイングをあれこれ直すより、まずは構えを再確認する必要があるでしょう」

構えの中でも特に体と腕の関係、そしてグリップの位置が改善すべきポイントになる。

「アドレスで手の位置が高い、いわゆるハンド

狂わせるもととなり、フェアウエーをキープするためのコントロールが最優先される。

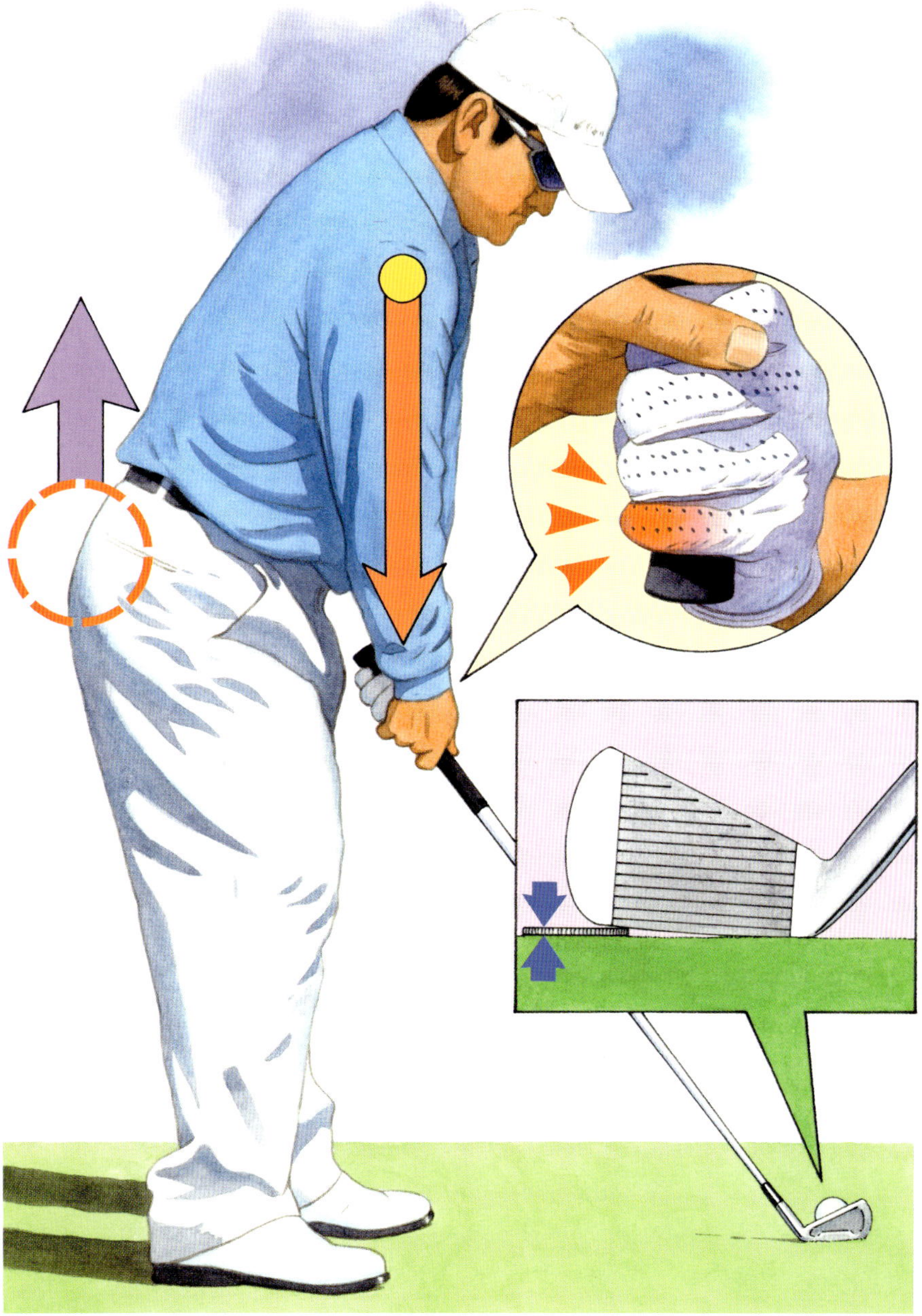

飛距離と方向性　古くから永遠のテーマとして最も難しい課題とされる。飛ばすための強振は軌道を

アップすぎてもよろしくない。逆に上からグリップを押さえつけるハンドダウンもダメです。ライ角を生かした構え方をしなければ、球の行方は定まりません」

手首の角度をつけずに構えると、ハンドアップの傾向が強く、球がつかまりにくくなる。

逆に手首の角度をつけすぎると、上体がかがんだ窮屈な構えになり、スイングの精度が落ちる。

「前傾はあまり深すぎないほうがいいということは以前、お話ししましたが、体を太股のつけ根を折って前に倒し、ヒップをきゅっと上げ、体全体で大きな〝くの字〟をつくったら、両腕は重力に逆らうことなく、真下に垂らした状態でグリップを握ります。これがあなたの体と腕の適正な関係です」

ハンドアップでもなくハンドダウンでもない、適正な手の位置は、重力に逆らわない両腕の脱力感によってもたらされるというわけだ。

優ポイント ドロー、フェードは軌道で打ち分け

プロの中にはわずかに手の位置を上下させ、意図的にドローやフェードを打つ人もいます。しかし、アマチュアがこれをやるのは難しい。ハンドアップにしすぎるとフェードというよりすっぽ抜ける確率が高く、ハンドダウンがきついとドローというより危険度の高いダグフックが出る可能性が高くなる。ドロー、フェードはグリップの位置ではなく、軌道で打ち分けるべし、というのが私の考え方です。

さて、ハンドアップがいいか、ハンドダウンがいいか、昔から議論が分かれるところではあります。では私はどうかといえば〝ハンドミドル〟が理想と考えます。ダウンでもなくアップでもなく、その中間のハンドミドル。グリップの握り方が正しければ、極端なハンドアップやハンドダウンは起こりえないと思って間違いありません。

クラブの先端にすき間をつくる

和田プロのアドレスをチェックする宮里氏

「もう一つ重要なのは、ソール（クラブの底）をべったりと地面に接地しようと思わないことです。方向性をアップさせようと思ったら、構えたときにクラブのトゥ（先端）の下に100円玉1枚のすき間ができるのが理想です。このわずかなすき間がライ角どおりに構えたかどうかの目安になります」

トゥ部分をほんのわずかに浮かせて構えることが、正確なショットへの架け橋となる。

「この構えをつくるには、グリップにもちょっとしたコツがあります。両手ともパーム（手のひら）ではなくフィンガー（指）で握り、特に左手の小指でグリップする意識を持つ。そうすると、ハンドアップでもなくハンドダウンでもない理想の手の位置をつくりやすいのです。また右手を強く握りすぎると利き手が勝ってひっかけの原因になるので気をつけたいですね」

思い立ったが吉日。今からすぐにクラブを1本手元に置き、毎朝腕をダラリと垂らしてグリップを結び、ヘッドのトゥ部分をわずかに浮かせるアドレスをおさらいしよう。

ドリル 9

右手グリップは指〝圧〟でリラックスを意図的に演出

飛ばしたいなら中指と薬指の感覚で握れ

〝力を抜く〟という。頭ではわかっていても、ここ一番、飛ばしたいときは知らぬうちに力が入ってしまう。こんな状態を避けるために欠かせないポイントが、右手グリップの握り方だ。フィンガーで握り、中指と薬指の指先感覚を意識することで、全体の力みが解除される。

べったりはダメ

力まかせにクラブを振り回しても球は飛ばない。逆に、ふとリラックスしてクラブを振った瞬間ジャストミート、思った以上の手応えと結果を生むことがある。この〝ふとリラックスする〟瞬間を意図的に演出することはできないものだろうか？

「〝飛ばしてやろう〟と歯を食いしばって打つより、肩の力を抜き、体のどこにも力みのない状態で振ったほうがナイスショットの確率は高くなるでしょう。しかし、緊張した場面でいきなり力を

はグリップを見ただけでわかるともいわれる。正しい握り方の会得こそ、上達の早道。

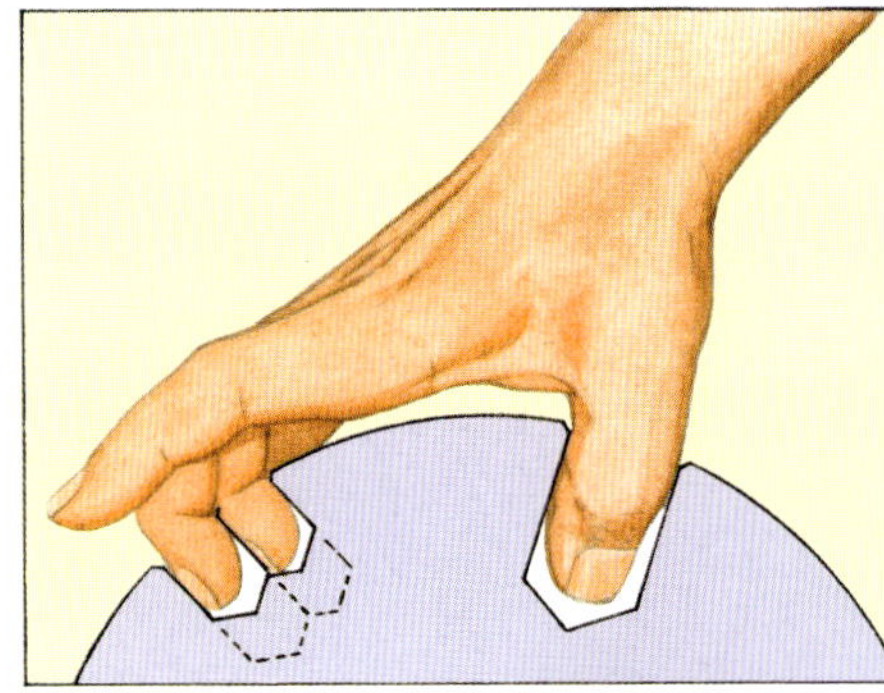

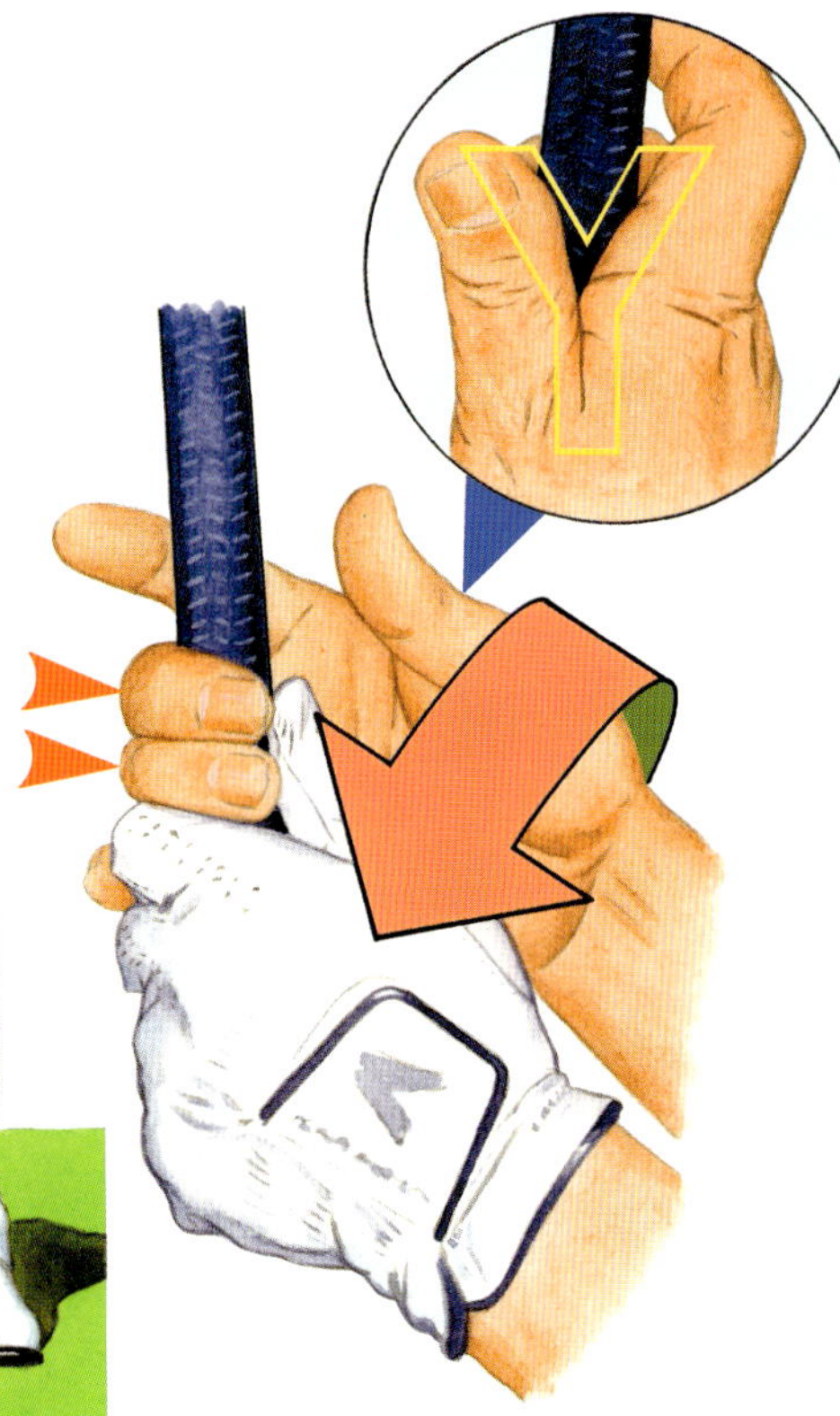

グリップの重要性　体とクラブの接点となるグリップが重要な基本であることは、いうまでもない。腕前

抜きなさいといっても、簡単に抜けるものではない。では、どうすればいいか？　**最初から余計な力が入らないようにしてしまえばいい**のです」

秘密はグリップにある。最初から余計な力が入らない〝握り方〟をすれば、力を入れたくても入らないというわけである。

「**ポイントは右手のグリップ**です。右手を野球のバットを握るように手のひらでべったり握ると、ただでさえ強い右手に余計な力が入ります。そこで重要なのが、**いかに指先（フィンガー）でグリップをひっかけるように握れるか**ということです」

ボウリングに学べ

突飛に聞こえるかもしれないが、参考にしたいのがボウリングなのだそうだ。

「ボウリングのボールは親指と中指、薬指の3本で持ちますよね？　普通は重いボールを落とさないように指を入れる穴は深く掘られているが、特注のマイボールでは、その穴が浅い。なぜなら指の先で持ったほうが、ボールに微妙な回転をかけるなど操作性が高まるからです。これはパームではなくフィンガーで指先にひっかけて握るグリップの発想と酷似します。**右手は中指と薬指の〝圧〟だけで握ればよろしい。**指全体ではなくその2本だけを意識すれば右手の力は半減され、**力を入れたくても入れずにすむのです**」

左：手のひらで握る悪い例を示す優氏
右：良いお手本。フィンガーで握るグリップ

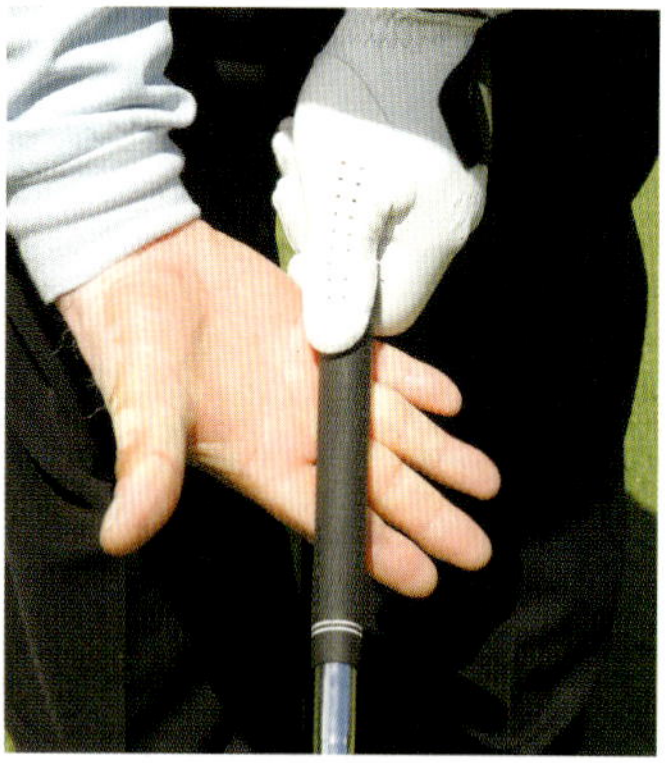

右手はグリップを第1関節と第2関節の間に通して指先にひっかけるようにして握る。その際、グリップと指の間にすき間ができないよう密着させることが大事。

「**グリップと指の間には糸1本入るほどのすき間もつくらない**のが理想。さらにもう一つ、右手の親指と人差し指は最初、グリップの上に浮かせた状態にしておいて(両方の指の)つなぎ目を締め、親指の根っこに〝Y〟の字を作ってからグリップにかぶせたいのですが、その際、**左手の親指を添え木に見立て、添え木を右手の親指のつけ根の丘で包みこむようにして握る**。これで左右の手を一体化させることができます」

右手の親指の根元で〝Y〟の字をつくれば、手の中でクラブが暴れる心配がなくなる。肩の力を抜いてボールに最大限のパワーを伝えるには、あくまでも右手はフワリとやさしく握りたい。クラブを常に手近に置き、意図的に力を抜く握り方をマスターしよう。

優ポイント

極限まで緩めて復調

スイングの線は悪くないのに球の行方が定まらない。02年の秋、聖志がまさにこの状態に陥りました。その年の彼は、ミズノオープンで2位に入り、全英オープンでプレーする幸運に恵まれています。ところがビッグトーナメントが続く秋口に調子は急降下。4試合連続予選落ちの後、最高峰の日本オープンを迎えることになりました。

その大会が始まる直前、私ははたと聖志のスイングの欠点に気づいたのです。「右手に力が入りすぎている」不調の原因はそれでした。どんなに完ぺきなスイングも右手でボールを叩こうとすると微妙にバランスが崩れます。私は彼に右手のグリップ圧を極限まで緩めるよう指示。その結果、あれだけ予選落ちの山を築いていた聖志が単独7位に入賞したのです。ほんのささいなアドバイスが選手をよみがえらせることもある。コーチとしてホッと胸を撫でおろした瞬間でした。

ドリル 10

飛ばしすぎてませんか？ 順番間違ってませんか？

ラウンド前の練習はパットすませそう

スタート前の練習はもちろん、しないよりしたほうがいい。しかし、ただ無目的に球を打つだけでは意味がない。宮里流の効果的な練習法は、まずパット、軽い球打ち、最後に仕上げのパットの順番。体の硬い朝ということを考慮、グリップに余計な力を入れないことが肝心だ。

まずはグリーンへ

飛ばしと方向性を2本柱にスイングの向上を目指してきた。今回は目先を変えて、ラウンド前の効果的な練習法を聞いてみた。

「朝イチのティーショットの緊張感を少しでもやわらげたいのか、コースに着くなり練習場に直行し、全力でドライバーを振り回す人をよく見かけます。しかし、18ホール、1打でも少ないスコアで上がるのに肝心なのは、1〜1メートル半くらいの短いパットをいかに確実に沈めるかでしょう。ド

効果的といわれる。肩、背中、首などをリラックスさせることで緊張もほぐれる。

ライバーの振りすぎはスコアメークの妨げになることもあるのです」

朝から練習場でドライバーを振り回し、ハァハァいいながらティーグラウンドに立った覚えがある人は少なくないはず。

「朝は練習場で球を打った後、仕上げにグリーンでパッティングをしてスタートするのが普通ですよね。でも、それは順番が逆なんです。なぜならドライバーを振り回すことでグリップに余計な力が入りすぎ、パッティングの微妙なタッチを出せなくなってしまうからです」

短い距離で自信

そこで朝の練習は、まずまっさらな状態でグリーンに立つことからスタートさせたい。

「ロングパットを何発か転がしたら、1メートル半〜2メートルくらいの平らで真っすぐなラインを何度も続けて力

ストレッチの効用　コースに到着後、スタートまでの時間にストレッチを行うことは、球を打つことより

藍（手前）もまずグリーンへ

ップインさせ、ボールがカップに落ちる〝コーン〟という、あの軽やかな音を耳に馴染ませ、自信をつけたい。短いパットは外さないぞ、という自信があれば、自然にロングパットも強めに打てる。入る確率も上がります」

体をほぐす程度

グリーン上でパッティングの微妙なタッチを確かめてから、打球練習場で球を打ってもいいが、その際も球を飛ばそうと思って力むのは逆効果だ。

「ラウンド前の練習は、あくまでもウオーミング

その後、8割の力で打球練習。ハイ準備完了です

アップ。本番同様、飛ばそうとしてはいけません。ハーフショットでクラブの芯でボールをとらえる感触を味わい、ドライバーは仕上げに4～5発、80％の力で振ればよろしい。打球の行方より、ほどよく体がほぐれさえすればいいのです」

冬はストレッチ

打球練習場がない場合は、入念なストレッチがお勧めだ。特に寒いシーズンは背中や脇を十分伸ばすことで肩の回転がスムーズになる。

「プロはまずパットを転がしてから練習場で球を打ちます。その後、もう一度パッティンググリーンで仕上げをしますが、練習場ではウォーミングアップ程度にとどめているから微妙なタッチも出せるのです。パットもショットも、よくいう小鳥を包むようにやさしくフワッと握りたい」

今日からさっそくラウンド前の練習の順番を、パッティングが先、打球練習が後に改めようではありませんか。

優ポイント

“究極”のバランスは利き手「3」逆手「7」

ドライバーの調子がいいと概してパッティングは悪いものです。逆もまた真なりで、パッティングがいいときはどうもドライバーの調子が芳しくない。

全英女子オープンで予選落ちしたときの藍がまさにこの状態。ドライバーは米ツアーの飛ばし屋にひけを取らなかったが、短いパットが全く入らず惜敗してしまいました。

ロングゲームとショートゲーム、両方の調子を同時に上げるための唯一の方法は、ドライバーのグリップに力を入れすぎないことといっても過言ではありません。練習場でドライバーを思いきり振り回したあとのグリップは、まるで砂を握り締めるような感覚に陥りがち。しかし、これではかえって球は飛びにくい。特に利き手のグリップを強く握るのは禁物です。

藍は右手3、左手7の意識でグリップを握るようになってから、ショット、パットとも安定したといっています。

ドリル 11

左右のブレより大事な前後のブレ 自分の〝ものさし〟で調整

距離感マスターへ 100ヤードをモノにせよ!!

距離感を身につけるには、自分の〝ものさし〟をつくることが先決だ。まず、100ヤードをきっちり打てるクラブと振り幅を把握すること。そこから距離感の調節が始まる。ときにはドライバーで100ヤードを打つ練習も、応用力をつけるのに効果的だ。

力まずに軽く

ショットに関してアマチュアは左右のブレはいやがるが〝前後のブレ〟には案外無頓着なもの。しかし、上級者になるほど前後の誤差がスコアメークの妨げになるのを実感しているのでは？ 正しい距離感を身につける方法を聞いた。

「ショットもパットもそうですが、距離感を身につけるための最大のコツは、自分なりの尺度、つまり〝ものさし〟をつくることです。まずピッチングウエッジで腰から腰までのハーフショットで目安

距離を調節することは避けたい。また、インパクトの強弱での調整も避ける。

フィニッシュは左右対称、
振り幅を意識

の30ヤードを打ち、そのときの感覚を体にしっかりと染みこませる。30ヤードの〝ものさし〟ができたら、次は振り幅を変え、肩から肩まで振ったとき、どれくらい飛ぶかを試しながら徐々に距離感を磨くのがいいでしょう」

なかでも最も実践的な〝ものさし〟になるのが100ヤード。この距離をきっちり打てるクラブと振り幅を把握するのが急務だ。

「目いっぱい振って100ヤードではなく、力まずに軽く振って100ヤードを確実に打つことが肝心。一番心地よく100ヤードを打てる得意クラブが1本あれば、それを軸にマネージメントすればよろしい。あとは振り幅とクラブの番手を変え、距離のバラエティーをふくらませればいいだけです」

ドライバーでも

また、ときにはドライバーで100ヤードを打つ発想の転換も必要。意外にもこれが距離感アップの有効なカギになる。

左右対称 バックスイングとフォロースイングの大きさはバランスよく同じにすること。どちらかの大小で

「きっちり100ヤード打てる得意クラブができたら、次はどのクラブでも100ヤードを打てる応用力を身につけたい。もちろんドライバーも例外ではありません。飛ばすだけではなく、短く持って腰から腰まで、あるいは肩から肩まで振って、どれくらい飛ぶかをチェック。フルスイングせずに打つ鍛練を積めばミート率が上がるため、距離感だけでなく、いざというときの飛距離アップの効果も期待できます」

ごく普通の成人男子ならドライバーを腰から腰まで振って100ヤード飛ばすことが可能。肩から肩までなら150〜180ヤードは確実に打てる。ドライバーで100ヤードを打つつもりで振ると方向性まで安定するから不思議だ。

「ハーフショットやスリークオーターで注意したいのが、トップを小さくすることだけでなく、左右対称のフィニッシュを心がけること〝フィニッシュはこの位置〟と決めたら、そのポイントにクラブを収めることを意識してスイングする。距離感はフォローで出す、と覚えておきたい。飛ばそうと力まず、どのクラブでも常に同じ感覚で振れるようになれば、さらに距離感は安定します」

気持ちよく振って100ヤード。まずはこれを確実に打てる得意クラブ探しから始めてみよう。

距離感を身につけるには100ヤードをきっちり打てるクラブと振り幅を把握することが大事

優ポイント
宮里美香の勇気に感心

03年のダイキンオーキッドでは沖縄出身の宮里美香ちゃんの、とても中学生とは思えない冷静な判断力を目の当たりにし感心した思い出があります。

あるホールで美香ちゃんはショットを右に曲げ、ピンまで残り140ヤード、ガジュマロの木の下に球を打ちこんでしまいました。

普通なら、そこからショートアイアンで出すだけ。ところが彼女は迷わずドライバーを手にしてハーフショットでゴロを打ち、フェアウエーのど真ん中に出して見事にパーを拾ったのです。

木の下を抜くには、ロフトが立っているクラブが有効。しかも距離を出さなければならない状況でしたから、美香ちゃんの判断は非の打ちどころがなかった。普段からドライバーを、ただ単に球を飛ばすための道具という固定観念にとらわれていないところが素晴らしい。ときには100ヤードをドライバーで打ってみる勇気を皆さんも見習ってもらいたいものです。

ドリル12

月1ゴルファー プレー前日に究極の仕上げ

ロングアイアンで自信グ〜ン

月1ゴルファーにとってゴルフの前日というのは、楽しさとともに不安もつきまとうものだ。いいショットができるだろうか、パットはどうだろうか。そんなときの有効な練習法が、ロングアイアンでの調整だ。難しいクラブでいい感覚を得ることで自信につなげるという心理的効果を狙った、コンペ前日の即席練習法がそれだ。

自分自身に暗示

コンペが目前に迫っているのに練習する時間がない。そんなピンチを救う究極の練習法はないものか。明日のコンペにすぐに役立つ、今からでも遅くないスイングづくりの極意とは？

「ゴルフは1日にしてならず。地道に練習を積むことこそ上達の唯一の近道です。わかっていても、そんな悠長なことをいっていられない場

ていること。練習時間が少ない月1ゴルファーも自宅でのパット練習など努力が必要。

1点集中!!
ロングアイアンのハーフスイングで芯とらえよう

合もあります。私にしても、人に教えるばかりで自分が練習する暇はなく、明日ゴルフというときは月１ゴルファーの気持ちがよくわかります。そんなとき有効なのが、ロングアイアンでのハーフショットです」

コンペの前日はバッグの中にある一番長いアイアンで打ちこみをする。そのココロは、あれもこれもと欲張るより、ロングアイアン１本でスイングを固めたほうが翌日、楽にゴルフができるからだ。

「難しいクラブを使うことで自分自身に暗示をかける効果を狙うことができます。〝４番アイアンが打てたのだから７番アイアンなんて簡単〟とね。自信がつけば気持ちを楽にしてティーグラウンドに上がることができる。実際、７番アイアンがやさしく思えるはずですよ」

同じ弾道目指す

その際、チェックすべきテーマを１点に絞ることがポイント。たとえば右肩が突っこまないよう、ダウンではクラブをインサイドから下ろすことを

優ポイント

ショットに関してロングアイアンのハーフスイングが急場しのぎのお助けドリルになることは本文で述べたとおりです。

しかし、久々のラウンドで心配すべきなのは、実はショートゲームのほう。というのも、ゴルフから遠ざかって一番先にフィーリングを失うのが小技だからです。つまり、前日はドライバーを振り回すより、自宅のじゅうたんの上でパットを練習するほうが賢明といえそうです。

特にショートパットは入念にチェックしたい。藍は秋口に腰を痛め、クラブを振れないかわりに１メートル半のショートパットを徹底的に練習し、終盤のチャージにつなげました。なぜ１メートル半か？　それは短いパットは絶対に外さないという自信をつけることで長いパットを怖がらず強めに打って攻めることができるからです。ロングアイアンが打てれば７番アイアンが怖くないように、短いパットを確実に沈める自信があればロングパットも怖くありません。

じゅうたんでショートパット

ロングアイアンでハーフスイングを反復練習することで、本番で楽なゴルフができる!!

テーマにするとか、腕ではなく腰のリードでクラブを下ろそう、などなど。そのテーマにロングアイアンで挑む姿勢が重要となる。

「ゴルファーというのはおかしなことに5分後には全く別のことを考えているものです。たった今、インサイドからクラブを下ろすことを意識していたと思ったら、球数にして20球くらい後にはグリップを気にしだす。しかし、あれもこれもと欲張るとすべてが中途半端になってしまいます。**ポイントを一つに絞り、集中してそのテーマに取り組めるか**どうかを最優先させることが大切です」

だからこそ、ロングアイアン1本での1点豪華主義的反復練習に意義がある。

「ロングアイアンは難しいので球の行方は気にしなくてよろしい。**飛ばすことよりもクラブの芯《しん》でボールをとらえる感覚をつかむこと**が大切です。私もたまに3番アイアンを打てば最初は当たり損ねのゴロばかりですよ。しかし、ハーフスイングを20～30分も続ければ、しだいに芯を食いはじめる。そうしたらしめたもの。できたと思ってやめるのではなく、何十発も同じ弾道が出るようになるまで続けてください」

難しいクラブを使った1点集中練習法は、明日のコンペ対策であると同時にスイングづくりの核心に触れるもの。ロングアイアンのハーフスイングでジャストミート感覚を味わい尽くそう。

ドリル13

机で下半身スエー診断

スイング"最大の敵"も簡単に直る

スエーはスイングの最大の敵となる。腰を右にスライドさせていることで回転していると思いこむアマチュアは多い。パワーを効率よくボールに伝えるために正しい肩の回転を身につけたいもの。スエーは机、壁など家の中の身近なもので矯正できる。

体重移動　本来と逆

自分のスイングはなぜ効率が悪いのだろう。もっと飛んでいいはずなのに……。そう思っているアマチュアは多いはずだ。効率よくパワーをボールに伝えるには、下半身の使い方がカギを握る。

「肩が回らないと悩むアマチュアは多いが、実はその原因が腰のスライド、つまりスエーによるものだというのを自覚している人は少ないですね」

腕でヒョイとクラブをかつぎ上げているから肩が回らないのでは？

「それもありますが、テークバックで右腰を右に突き出す（スエー）と物理的に体が回りにくい。

トップなどのミスショットが出る。飛距離アップも当然、正しい軸から生まれる。

回転運動 ゴルフのスイングは、いうまでもなく軸を中心とした回転運動だ。軸がブレることでダフリ、

逃げる腰にはいつまでたっても肩の回転は追いつくことができないのです」

試しに腰を右にスライドさせながら肩を回そうとしてみる。なるほど腰にブロックされて肩の回転はおろそかになり、おまけに右サイドが伸びてしまう。

「そう。それは下半身に上半身が乗っていない証拠です。体重移動も本来とは逆方向。トップで左に体重が残る、いわゆるギッタンバッタンのリバースピボットになっているはず。だからインパクトからフォローで体重が右に残り、どう頑張ってもボールにパワーは伝わらないわけです」

この悪循環を断ち切るには、下半身をその場で回す必要がある。

「上半身は背骨を軸にした2軸の意識でよろしい。だが下半身は1軸が正解。腰はなるべくその場で平らに回さなければならん」

平らに回っているかどうかは、こうやってチ

優ポイント

体に異変も…ステップアップ

優作はスイングの求道者ですが、彼にもアマチュアほどではないがバックスイングで腰がわずかに右にスライドするクセがありました。04年の全日空オープンで、私はそのスライドの動きを指摘し、腰をその場でターンさせ上体をしっかりと下半身に乗せる動きをおさらいさせました。

効果はてきめん。「振っていないのに球が飛ぶ」と本人が驚いたほどでした。

ところが、腰の動きを修正したことで体に異変が起きました。翌々週の東海クラシックでぎっくり腰のため途中棄権したのは、このスイング改造のせいもあったのです。スライドしていた腰を止めたため、いつもとは違った筋肉に負担がかかり、体にゆがみがきたのでしょう。しかし、これは優作がステップアップするために必要なこと。この改造が彼がプロとしてブレークするきっかけになるといいのですが。

ェックする。

「まずテーブルなどの縁に右腰をぴったりとくっつけて立ちます。で、トップの状態まで腰を平らに回します。このとき机の縁と右腰の間にすき間ができればオーケー。逆に腰が机に激突すればスエーしていることがわかる。お尻をわずかにターゲット方向に突き出すようなイメージで回した方が、上半身が下半身に乗りやすいでしょう」

試してみると、そのとおり。お尻をちょっと突き出せば上体が腰の上にしっかりと乗ってくる。

蓄えた力 ボールに

「腰をスライドさせると体は回らない。腰をその場に置いて上体＝肩を回し、上下を1枚の大きな壁にしたい。これをやらせるとアマチュアは〝えっ、こんなに回っていいんですか？〟と驚きますが、それでいいんです。腰の上に乗った上体をダウンで一気にひねり戻すから、蓄えたパワーを余すことなくボールに伝えられるのですから」

回転は下が小さく、上が大きくがポイント。机の横に立って腰を平らに回し、すき間をあけるドリルは、スエー防止だけでなく、体重移動が苦手と悩むアマチュアにもお勧めだ。

和田プロの右足内側に棒を置きスエーを再現する優氏

ドリル14

練習場の端っこで養うスクエア感覚

スイングの前に立ち方をチェック

コースに出て目標に対してスクエアに立つことほど難しいものはない。ホールの形、景色による錯覚などが要因。立ち方の間違いはミスショットをも生む。練習場ではショットの点検だけでなく立ち方にも気を使おう。ちょっとした工夫で、スクエア感覚を養うことができる。

8割は「右向き」

ミスが出ると誰しも「今のスイングのどこが悪かったのだろうか?」と考えがちだ。しかし、スイングのメカニックが悪くて起こるミスより、構えた向きが悪かったために誘発されるミスのほうが多い。目印が何もないフィールドで目標に対してまっすぐに立つ秘策はあるのか?

「大げさではなく、立ち方ひとつで世界観が変わります。ゴルフで一番難しいのが、どこを向いて構えるかということ。いわゆるアライメン

その線上に目印をつくり、スクエアに構える習慣をつければ多くの錯覚は防げる。

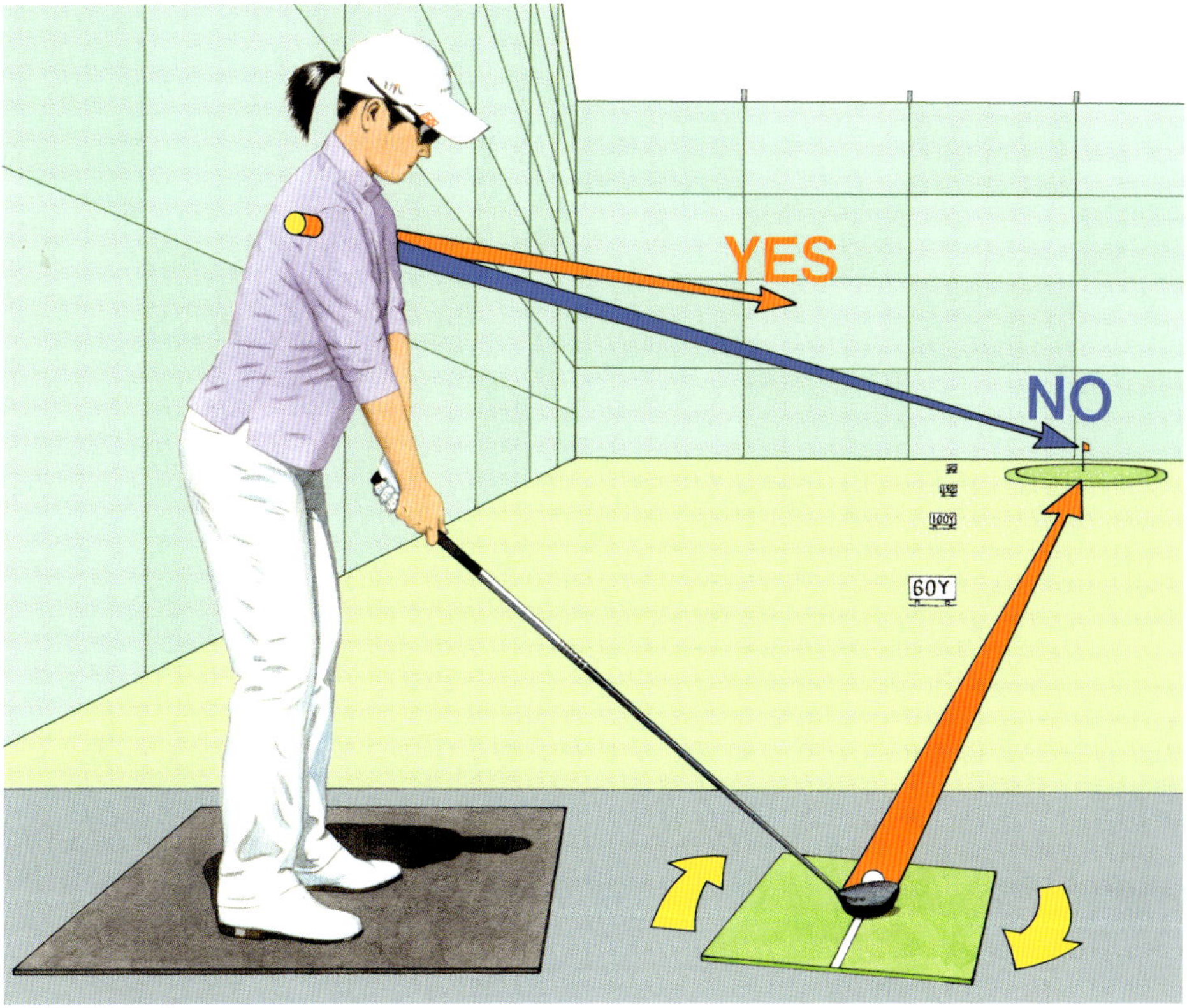

トの正確性です。アマチュアの約8割はターゲットの右を向いて立ちすぎです。ボールとターゲットを結んだ飛球線に対して平行に立つスクエアなアドレスを実現できればミスの多くは解消されます」

アマチュアの大半は、飛球線に対して平行に構えているつもりが、肩のラインを直接ターゲットに向けていることが多い。だから8割以上の人が目標の右を向くという現象が起こってくる。

「肩のラインと飛球線は200ヤード前方に行っても決して交わることはありません。正しく構えればターゲットは随分と（斜め前方）右に見えるはずです。ボールは肩で打つのではなく、クラブヘッドで打つことを肝に銘じておかなけ

目印をつくる 正しいスタンスを取るためには、ボールの後方に立ち、目標をしっかり定めることだ。

ればいかん。まずは練習場で、きちんと目標に対してスクエアに立つ訓練を積むことです」

マットを斜めに

練習場では、なるべく真ん中の打席を選び、マットに平行に構えて打ちたいものだ。だが、コースに出ればマットのように便利な目印はない。

「意識的に練習場の左右のネットぎりぎりの打席を利用し、マットを斜めに使ってまっすぐ立つ練習を繰り返すことが大事です。端っこの立ちにくい場所からマットの線を無視して、しっかり目標に対してスクエアに立ててるかをチェックしながら球を打つ。マットと平行に立てないというだけで平衡感覚が乱されるのを実感するでしょう。しかし、そこでやめてはいかんのです。コースに出れば目印はありませんから」

練習場の端を使って練習すると、実はそのほかにも効果がある。

「右端の打席に立つと右のネットに球を当てないようオープン（左を向いて）に構えればよいものを、10人中8人はそうすることができず、クローズに（右を向いて）構えて腰を止めてフックを打つ習性があります。これは確かにスライスで悩んでいる人が、球筋のイメージを矯正するためには効果があるかもしれません。左端の打席では逆に左のネットを避け、右にスライスを打つイメージはできる。しかし、あくまでも目標に対してスクエアに立つことのほうが重要ですから、ここは球筋の矯正より、マットを斜めに使う練習に比重を置いていただきたい」

スライス、フックの矯正は、クラブの軌道そのものを正常な状態に戻すことを先決させる。そのために、目標がどこにあっても、たとえマットという四角四面の目印がなくても、スクエアに立つ感覚を養うほうを優先させたい。

「アドレスの向きがわずか1度違っても200ヤード前方での誤差は大変なもの。一説によると向きが1度違えば300ヤード前方で7ヤードの誤差が出るという。アライメントを決しておろそかにするなかれですよ」
練習場の端の打席からマットを斜めに使う方法で、ぜひスクエア感覚を磨いていただきたい。

練習場では左右のネットぎりぎりの打席でスタンス、肩の向きをチェック

優ポイント
プロでも起きる〝まさか〟

アマチュアの多くは右を向いて立つ傾向が強いものですが、05年のアジア・ジャパン沖縄オープンでの優作は、逆に左を向きすぎていました。

初日、ワンオンを狙えそうな350ヤードのパー4で、ティーショットをクラブの先っぽに当て、球を右に押し出してOBを叩いてしまいました。これは完全にアドレスでの左の向きすぎによるミス。ダウンで左腰を勢いよく切ると左を向いている分、クラブがボールに届かず、芯を食わなかったのが球を曲げた要因。スイングの線は完ぺきでも、構え一つで〝まさか〟と思うことが起きることを実証してくれました。

ラウンド後、練習場で優作にアドレスをつくらせ、そのあとに私が入って、後方から本人にチェックさせてみて初めて、自分が左を向いていたことに気づいたのですから、上級者も初心者も、基本的には共通の問題を抱えているということです。

目印のないフィールドで我々は景色に惑わされた迷子のようなもの。だからこそ普段から目標をしっかり意識して球を打つ訓練を積む必要があるのです。

ドリル

15

ピンは目の前！ グリーン周りのアプローチ

はやる心を抑えて thumb《親指》 down

グリーンに近づいてからのアプローチをミスしてスコアを崩すケースは多い。特に出やすいミスが、引っかけ。それを防ぐには左手1本の片手素振りが有効だ。ヘッドの重さを感じながらフォローを低く、長く、放り出すイメージで振ることで、この悔しいミスを一掃することができる。

手首返しすぎ　コネちゃダメ

目指すピンはもうすぐそこだ。〝あわよくばベタピン〟と勇んでショートアイアンを手にしたときに限って、引っかけのミスが出てグリーンオンさえならず。そんな悔しい思いをしたことのある人は多いのでは？　ショートアイアンで引っかけを防ぐための有効なドリルとは？

「ロングパットよりショートパットのほうが入れたい思いが強くなり、ルックアップしてスト

あらゆるミスはそこで起きる。しっかり振り抜きフォローを確認できるスイングが大切。

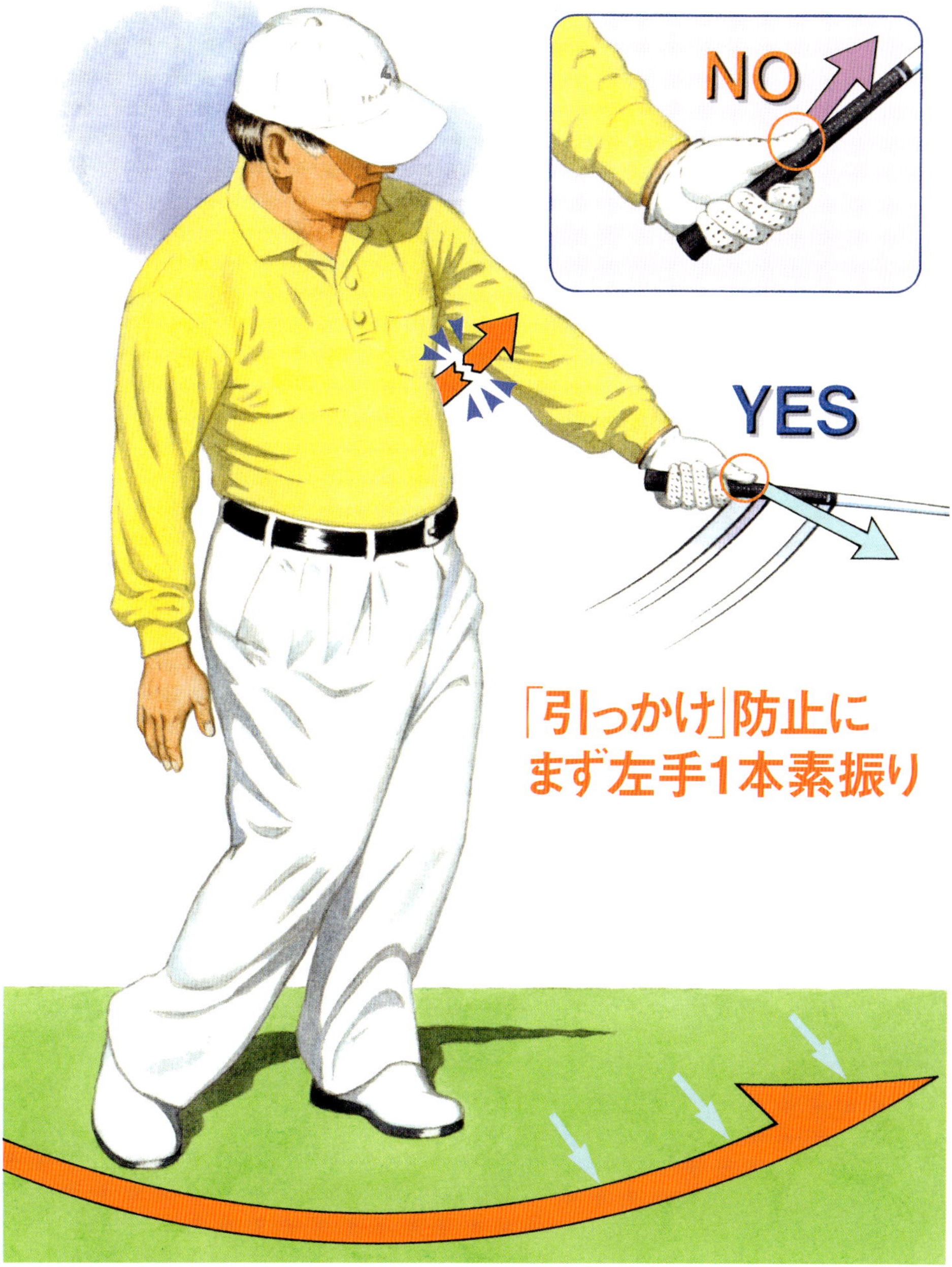

「引っかけ」防止にまず左手1本素振り

フォローの重要性　ショートゲームは目標（ピン）が見えている分、手先で距離を調節しがちだ。

ロークを崩してミスが出るように、ショートアイアンも目標がすぐそこに見えているからこそミスが起こりやすい。これを防ぐのに有効なドリルが片手素振りです」

ショートアイアンで引っかけのミスが多いのは、一刻も早くグリーンに乗せたいという思いで振り急ぐためにフォローが小さくなってしまうのが大きな原因。左脇を締め、手首を返すというより、返しすぎてコネてしまうために球がとんでもない方向へ飛んでしまうのだ。

「ショートアイアンほどフォローで左腕を脇から切り離す意識を持っていただきたい。そのイメージを徹底させるため、打球動作に入る前に左手1本でクラブを持ち、左腕を長く使う意識で片手素振りを繰り返すことをお勧めしたい」

ヘッドを遠くに放り出す感じ

フォローでクラブをすくい上げて肩にかつぐのではなく、左腕を脇から切り離し、ヘッドをなるべく遠くに放り投

優ポイント 藍を救ったのも同じ理論

04年、藍が波に乗れたのは、間違いなくダイキンオーキッドでの優勝があったからです。しかし、もし2日目の17番、グリーン至近距離からの第2打をトップさせるミスがなかったら、最終日のチャージはなかったかもしれません。

というのも、2日目の17番でミスを露呈させたことで新たな課題が浮かび上がり、それを修正するチャンスが生まれたからです。

ミスの要因は、フォローで左腕を縮めたことによりヘッドが早く跳ね上がりボールの上っ面を叩いたことにありました。左腕を脇から切り離し、低く長いインパクトゾーンをつくらなければ、藍も短い距離をミスするのです。

このとき私が指導したフォローで左腕をしっかり伸ばす（その動きに合わせて右腕も伸びてくる）〝サムダウン・アプローチ〟が、04年シーズンを通して藍の好成績につながったといっても過言ではありません。

げるイメージがよい。

「ビジェイ・シンが左脇にヘッドカバーを挟んでボールを打つドリルを好んで実践していますが、あれは体格の立派なシンだからこそ有効なのであって、日本人のアマチュアは、**フォローを大きく出していくことのほうが大事**。勇気を持って左腕を伸ばしていきましょう」

打ち急ぐと、どうしても左腕が縮まりフォローが小さくなる。まずは左手1本だけで、ヘッドの重みでクラブを目標に向かって放り出すイメージをつかむと、ショートアイアンの打ち急ぎが防止され、タイミングよくクラブを振り抜くことが可能になる。

「左手1本の素振りでは**脇を切り離すこと**と、もう一つ、**左手親指をしゃくり上げず、低く地面を指す意識**を持つのがよろしい。これにはヘッドを低い位置に通しインパクトゾーンを長くする効果があります。私はこれを〝サム（親指）ダウン〟と呼んでいますが、インパクトゾーンが長くなれば自ずと球の行方も定まります」

インパクトが長く方向安定

点ではなく線で球を運んでいく。だから方向が狂いにくくショートアイアンの引っかけも防げるというわけだ。左手1本でのサムダウン素振りドリルで明日からベタピンを狙おう!!

左手1本の素振りでアプローチの感覚を確かめる藍。下の写真のように、フォローで親指が上ではなく前方に向くイメージ

ドリル16

風に負けない球で距離感&方向性安定

右手1本の素振りで一石三鳥のドリル

右腕の動きを知ることは、スイングに大きな影響を与える。そのために右手1本の素振りを習慣づけて感覚を養おう。トップからダウンへのひじの動き、フォローからフィニッシュに向けてしっかり伸びた腕。特に球の最後のひと伸びは、思いきり伸ばしたこの右腕によって得られる。

タメを意識する

ショートアイアンの引っかけを防ぐには左手1

本での素振りが効果的と前回述べた。では右手1本の素振りには、どんな効能があるのだろうか？

「非常に大きな効果が期待できます。右腕の正しい使い方をマスターすることで、まず風に負けない球が打てるようになる。さらには距離感、方向性ともにアップします。両腕での素振りももちろん大事。しかし片手素振りはスイングの

は右腕が伸びる。両手による素振りでは、この両腕の動きを把握しておきたい。

タメて伸ばす 右腕の使い方をマスター

右腕と左腕 スイング軸を中心に左右対称が基本。バックスイングでは左腕が伸び、フォロースイングで

構造を理解するうえで欠かせないドリルの一つといえるでしょう」

風に強く、距離感と方向性がアップする。これは一石二鳥どころか一石三鳥ではないか!!

「ただ漫然と片手素振りをするのではなく、ダウンで右ひじを右腰に向かって締めていく、いわゆる〝タメ〟を意識しながら行うことがポイントです」

タメは球を遠くに飛ばすために欠かせない要素。イメージとしては、太く強力なゴムが右ひじと右腰の間に存在し、その間隔をトップからダウンにかけてじわじわと詰めていく感じといったところだろうか。

「それにもう一つ大事なことは、タメを解いて右腕を伸ばすタイミングです。切り返し以降もトップでつくった手首の角度を変えずにクラブを下ろし、インパクトの直前までコックを解くのを我慢する。そして左ひざの前にグリップが到達した瞬間、右ひじをパーンと一気に伸ばしたい」

両手でクラブを振るときは、この時点で左腕を脇から切り離し、左右とも腕がまっすぐに伸びた状態になる。

「タメたあとにクラブを解放し、左ひざの前で伸ばす意識を持って右手1本素振りを行ってください。そのままフィニッシュに向け右腕は伸ばしたまま。右腕が天に向かって伸びるまで振り抜ければ、間違いなく強い球が打てます。ティーショットがOBにつかまるかセミラフで止まるかはゴルファーにとって大きな問題。右腕を天に向かって大きく伸ばすフォローがつくれれば、悪くてもセミラフで耐えるショットが打てるはずです」

宮里兄妹のスイングに共通するのが、伸びやかなフォロー。それは右腕を伸ばし、長く使うことによって実現されている。

「フォローで右腕を伸ばすか伸ばさないかでは、球の最後のひと伸びが違います。距離感も右腕を巻きこむより、伸ばしたほうがずっと出しやすい。またダウンでの右腕と右腰の動きがリンクすれば、それだけ**球は曲がりにくくなります**」

右手1本での素振りの手本を示す藍

タメて伸ばす右腕の使い方を、右手1本素振りでぜひマスターしようではありませんか!!

優ポイント

天空に向かって伸ばす感覚

兄妹の中で右腕の伸びが一番いいのは藍です。フォローが高く、右腕が天に向かって伸び、その状態をキープする時間が長いのが特徴。あれだけ高いフォローをキープできるのは女性特有の柔軟性もありますが、私のいったことを一番素直に聞いている証拠でもあります。

強い球を打つにはフォローの右腕の伸びは不可欠。そしてアイアンでコントロールショットを打つときも右腕を伸ばしてフィニッシュを取ったほうが距離感と方向性が安定する。フルショットはミスが出やすいものですが、フィニッシュで体を最後まで巻きこまず、右腕を天空に向かって伸ばした状態（フォローでのスリークォーター）でクラブを止めると、球は目標に向かってまっすぐ飛んでくれるものです。しかも、飛びすぎることもない。コントロールしたいときほど右腕を伸ばす。これは覚えておきたいテクニックの一つです。

ドリル17

始動が肝心!! 肩は"横に回す"イメージで 左サイド一直線で手打ち脱却!!

手打ちはなんとしても防ぎたい。そのために肩をどう回転させるか。もっとも大切なのは始動の手順。テークバックに際し、左肩、腕、グリップ、シャフト、ヘッドを結んだ1本の線をワンピースにして、同時に引くことを心がけよう。

軌道は「楕円形」

横峯さくらのスイングは変則だが「あれだけクラブが振れればなぁ」とうらやましく思う人もいるのでは？ 年々、体が硬くなり、肩が回らず、クラブが振れないと嘆くあなたへ、脱・手打ちスイングのヒントをお届けしよう。

「オーバースイングは百害あって一利なしというのが私の考え。しかし、肩のねじれが足りず、手打ちになるのも困りものです。第一、手打ちでは球の行方が定まらん。飛距離にも限界があ

与える。差ができている場合、トップでの上体はきついのが普通。楽な状態は避ける。

肩、腕、グリップ、シャフト、ヘッド
左サイド一直線

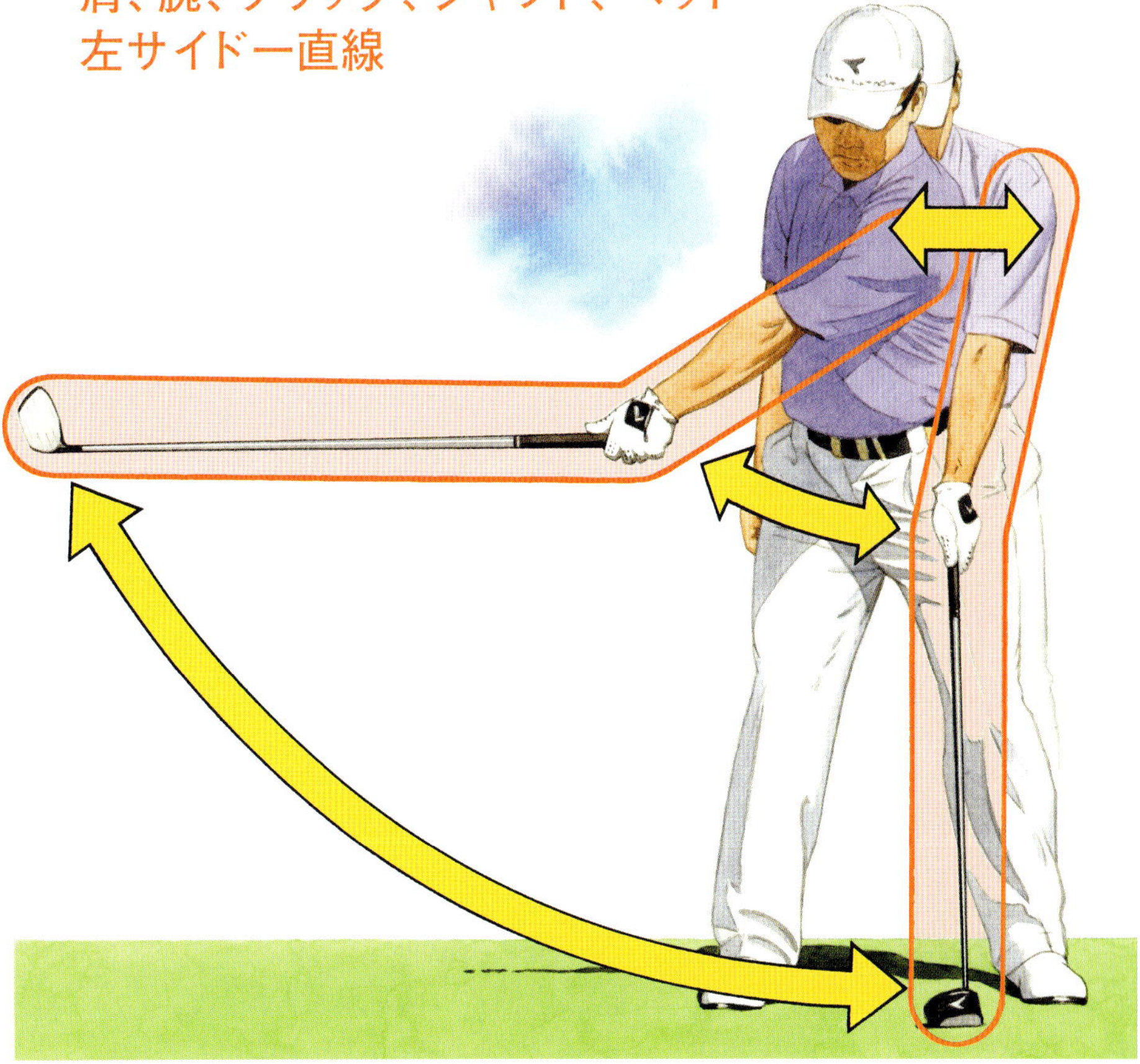

るでしょう」

藍ちゃんとまではいかなくとも、せめて手打ちは防ぎたい。が、そもそもアマチュアが手打ちに陥る理由とは？。

「**手打ちの原因はいくつかあります。なかでも一番大きいのはバックスイングで右腰を（右へ）スライドさせるために肩の回転が追いつかない**というもの。肩を回そうにも右腰がどんどん（右へ）逃げるわけですから、左肩はいつまでたっても追いつけない。そのうえ、手だけで上（縦）にクラブを上げようとするものだから、

ねじれの差　上半身と下半身のねじれの差がヘッドスピードを生み、インパクトでボールにパワーを

肩が横に回る余地がなくなり手打ちに陥る」

腰をその場に止め、手を上に上げるのではなく、肩を横に回す意識を持つことが手打ち脱却の第一歩。

「スイングのイメージを縦ではなく横にすることが大事です。これは決して横振りという意味ではありません。クラブが描く軌道を横長の楕円形のイメージに変えるということです」

ねじれ不足解消

では具体的に肩のねじれ不足を解消する方法はあるのだろうか？

「ねじれ不足解消にはスイングの始動が肝心。左肩を右に向かって平行に回していきましょう」

体は前傾しているため、厳密にいえば、平行に回しても左肩は右肩より低くなる。が、必要以上に左肩が下がらないようあくまでも平行に回す意識を持つべしということだ。

「どうすれば簡単に肩を平行に回せるのか？それは、左肩とヘッドを同時に動かすイメージでバックスイングを行うしかありません。ドリルとしては左手1本でクラブを握り、左肩、腕、グリップ、シャフト、ヘッドを結んだ1本の線をワンピースにしてグリップが右腰に来るところまでテークバックを行う動作を繰り返せばよろしい。ヘッドだけでなく左サイド全体を同時に横へ引くのです」

右方向に向かって動こうとしているシャフトに、逆方向から（右から左へ）負荷がかかって押し戻されているイメージを持つと、さらに手だけ、あるいはヘッドだけを上げることはできなくなる。

「スタートさえ間違えなければ、手打ちは必ず防げます」

左サイドを一体にして始動させる〝左サイドワンピース・ドリル〟を練習することで、手打ちから脱却できる。

左肩、腕、グリップ、シャフト、ヘッドを1本の線にする“左サイドワンピースドリル”を実践する優氏

優ポイント

ヘッドよりグリップを意識

静から動へ移行するテークバックの始動は、スイングの中でもっとも難しい部分といっても過言ではありません。スタートでつまずいてしまったら取り返しがつきません。

始動で一番の問題は、クラブヘッドに意識が集中している人があまりにも多いということです。もちろんボールを打つのはヘッドですが、体から遠く離れたヘッドをコントロールしようとしても無理がある。そうではなく、私たちはもっとグリップに意識を向けるべきなのです。

始動もしかり。始動は左肩とヘッドを結んだ線を一体にしてクラブを引きますが、このとき、体とクラブの間隔を変えずにグリップを体の真横、つまり右腰の横に引いていけば、左肩は自ずとアドレスで右肩があった位置まで横に回っているはずなのです。ここまでできていれば手打ちは必ず防げますよ。

ドリル18

打つ前にまず足元を見直せ!!

ゴムボール〝挟んで〟スタンスグ〜ッド

構えたときのスタンスの幅というのは案外、神経が行き届かないものだ。特に飛ばしたいときなど、知らずにその幅が広くなってしまっている。広すぎたり狭すぎたりするスタンスにはもちろん、弊害がある。大事な土台。打つ前にまず、足元を見直したいものだ。

広いと弊害多い

球を飛ばすぞと意気込んでスタンス幅が広くなりすぎた経験はないだろうか。広すぎる（狭すぎる）スタンスの弊害とは？　適正なスタンス幅を究明してみよう。

「スタンスの幅は肩の回転、下半身の使い方に直接的な影響を与えます。適正なスタンス幅でないと、重心移動が逆になったり手打ちになったりと、さまざまな弊害が生じます」

まずは基本のスタンス幅から確認しておこう。

を踏まえて、自分の体型、力の強弱などと相談して独自のものに応用する工夫が大切。

基本と応用 教科書どおりは大事だが、構え方にもスイングにも、自分に合った型はある。要は基本

「ドライバーからロングアイアンまでは肩幅よりちょっと広めが適正。以下、ミドルアイアンで肩幅、ショートアイアンでは打つ距離によってスタンスの幅は変わってきます」

もう一つ、肝心なのが体型によるスタンス幅の法則だ。

「細い人は多少スタンスの幅は狭くてもかまわんが、横幅のある人はスタンスが狭いと下半身が安定しないので避けたほうがよろしい。太っている人は多少広くてもかまいません」

広めでよいといわれても、はたしてどこまで広げてよいのだろうか。

「インパクトからフォローにかけて、太股の間にある架空のゴムボールをグーッと押しつぶすようなイメージで右ひざを左ひざに向けて絞りこんでいくのが、正しい下半身の使い方です。この両ひざを締める状態をつくれる程度の広さが限界でしょう」

つまりフィニッシュで両ひざが割れてしまったらスタンス幅が広すぎる証拠ということになる。

「広すぎると、ひざを締めきれず、フォローで右サイドを押しこんでいけなくなります。右に

優ポイント

経験の中から見つける努力を

スタンス幅は、ときにショートゲームの距離感をも左右します。藍がまだ高校3年のとき、それまで本命といわれながら勝てなかった日本アマで、ラストチャンスを生かし優勝することができたのですが、そのカギを握ったのが、50ヤード以内のアプローチの距離感でした。

それ以前の藍は、50ヤードを打つときの適正なスタンス幅が今ひとつわかっていなかった。足の幅1足分広すぎたために、思ったよりもボールが飛びすぎ、ピンをオーバーさせる場面が多かったのです。練習ラウンドにつきあった私はそれを指摘。1足分スタンスを狭めただけで距離感が合いはじめたという思い出があります。

スタンス幅も基本はあるが、それが絶対ではありません。適正なスタンス幅はゴルファーひとりひとりが経験のなかからしっくりくるものを見つける努力が必要ですね。

（写真左から）藍、優作、聖志のスタンスは、肩幅よりも少し大きめで収まっているのがわかる

体重が残る、いわゆるあおり打ちになりやすい」

一方、狭すぎるスタンスの弊害は安定感に欠けることだ。

狭いと安定せず

「こちらも重心移動が逆になる危険性が大きいですね。土台が小さいために上半身の動きに耐えきれず、トップで体重が左に乗り、フォローで右に乗る、いわゆるリバースピボットになりやすい。スタンス幅がある程度あれば、肩をしっかりと回す意識が生まれますが、狭いとひょいとクラブを手で上げることになりかねない」

ここ一番、飛ばしたいときにスタンスを広げ、アドレスで上からクラブをぎりぎりと地面に押しつける人を見かけるが、それは逆効果となる。

「飛ばしたいときほど適正なスタンスでグリップの力を抜き、左肩をスムーズにしっかり右肩のあった位置まで回す意識を持ったほうがいいでしょう。スタンスを広げすぎると、下半身が使えず逆に球が飛ばなくなることもありますよ」

適正なスタンス幅を習得し、上半身と下半身のジャストバランスを心がけたいものである。

ドリル 19

スイング安定の近道は〝向くべき方向〟把握から

手のひらで、ラケットで覚えよう!! フェースの正しい向き

テークバックからトップを経てフィニッシュに至るまでの一連のスイングのなかで、クラブフェースはどういう動きをしていればいいのだろう。やみくもに振り回すより、要所要所でのフェースの向きを把握しておくことは、正しいスイング軌道、安定した方向性などに結びつく。それはフェースの面が大きいラケットなどを使った練習で確認することができる。

右腰では「正面」

フェースコントロールは球の行方を左右する重要なカギを握る。しかし、いったんスイングを始めてしまえばフェースがどこを向いていようがおかまいなし、というアマチュアが多い。

「通常のショットでは、フェースの向きは飛球線に対してスクエアであることが条件です。だが、バックスイングでフェースの向きを感じる

ースは正面を向き打球はスライス、手のひら側に折れれば上を向きフックとなる。

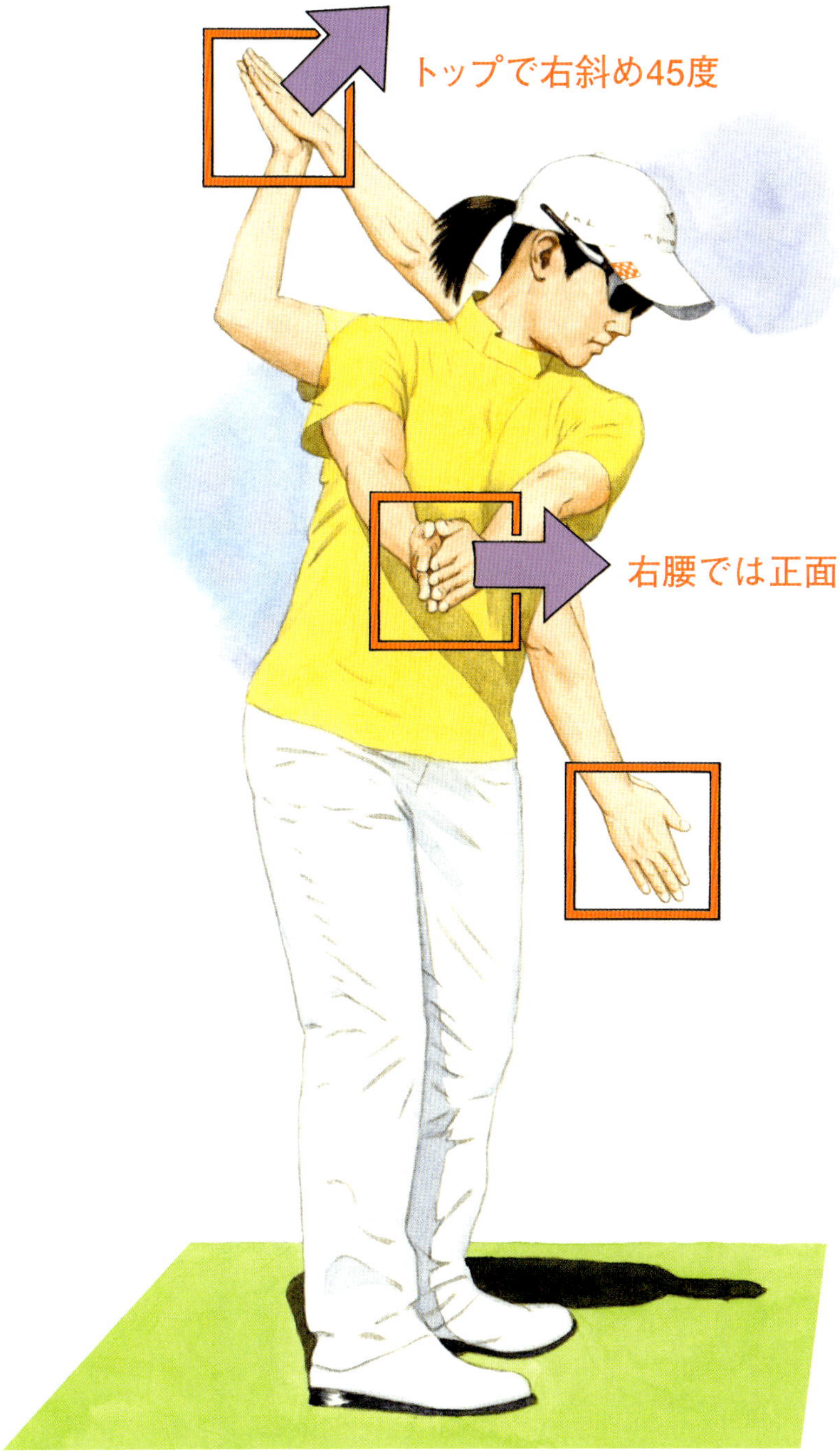

フェースとリスト トップでのフェースの向きは手首と連動する。左手リストが手首側に折れればフェ

のは難しい。まずクラブを持たず、手のひらを開いた状態でフェースの向きをイメージしたほうがいいでしょう」

手のひら全体をフェースに見立てたほうが感覚としてわかりやすいということだ。

「それでもイメージがわかないときは、テニスや卓球のラケットを使ってください。フェース面が大きい分、イメージがわきやすいですから」

手のひらやラケットで、まず、バックスイングの軌道を確認することから始めよう。

「スイングの始動では、つま先の線に沿って手元をまっすぐ真横に引き、手元が右腰に到達した時点で右手のひらが真正面を向いていればよろしい」

右手のひらと左手甲が真正面を向く。ここが第1のチェックポイントだ。

トップでは「右斜め45度」

「そこからは手のひらを右斜め45度後方へ、右肩に向けて上げていきます。縦でも横でもなく、斜めにコックを入れるつもりで手のひらを立てる。そうすればクラブが余計な動きをする余地がありません」

第2のチェックポイントはトップ。右肩の上方でフェースに見立てた手のひらが、天でも地でもなく斜め45度前方を指していれば正解だ。

「イメージができたら今度は実際にクラブを持

クラブの先にバトミントンのラケットをつけてフェースの向きを確認する優氏

トップで右斜め45度が“正解”

ち、ハーフウエーバックまで上げて、その状態で右手を開いてみましょう。手のひらが真正面を向いていればオーケー。トップでも手のひらを開き、斜め45度を向いているかチェックしてください。スイング中、フェースがどこを向くべきかをはっきりとイメージするだけで、方向性は確実に定まってきます」

ここまでは通常のショットでのフェースの使い方だが、ゴルフは常に平らなライから一定の距離を打つゲームではない。

「応用編、つまりアプローチなどでは、フェースの向きはそれこそ100通りあってよろしい。球をカットしてスライス回転を与えたり、フェースをかぶせてドライブをかけたり、トップでわざとフェースを開いて使ったり……。基本ができてさえいれば、あとは固定観念を捨て、さまざまにフェースを使って感性を磨いていただきたい」

もうフェース面に鈍感とはいわせない。手のひらをフェースに見立てたドリルで真のフェースコントロールを体感しよう。

優ポイント

藍にとって技術面での最大の課題は、いかにシャットフェースを止めるかということです。シャットフェースとは、フェースが閉じた状態で上がることですが、藍の場合、バックスイングでクラブが右腰に上がるまではスクエア（飛球線に対して平行）なのですが、そこからインサイドにクラブが入りすぎるためシャットになる。幸い腰の抜群のキレとタイミングでインパクトではフェースをスクエアに戻せてはいるのですが、少しタイミングが狂うと球が曲がる危険性もはらんでいます。

そこでオフは、フェースコントロールを自在に行えるよう、オープン気味にフェースを使って大成功したアニカのスイングを研究させ、藍には飛球線に対してフェースを常にスクエアな状態で上げる練習をさせている最中です

藍も猛特訓「スクエア維持」

ドリル20

「世界一」の藍を支えたアプローチ

歯打ちでピタリと止まるあこがれスピン

スイング中のクラブフェースの向きを確認できたところで、フェース次第で多彩な球筋が得られるアプローチにテーマを移そう。なかでもスピンをかけて球を止める打ち方は、アマチュアのあこがれの的。それもフェースの入り方、抜き方を日々の練習で把握すればものにすることができる。

一気にトップへ

前回はフェースコントロールの再認識がテーマだった。それが必要なのは通常のショットだけではない。状況に応じてさまざまな球筋が要求されるアプローチこそ、フェース面をいかに使うかが重要なポイントとなる。

「スピンがキュキュッと効いたアプローチは、アマチュアのあこがれですね。でもこれ、実はプロの専売特許じゃありません。クラブをどう入れて、フォローをどう抜くか。フェースをどう使うかを知

アプローチはスコアに直結するだけに、できるだけミスの出にくい打ち方を選びたい。

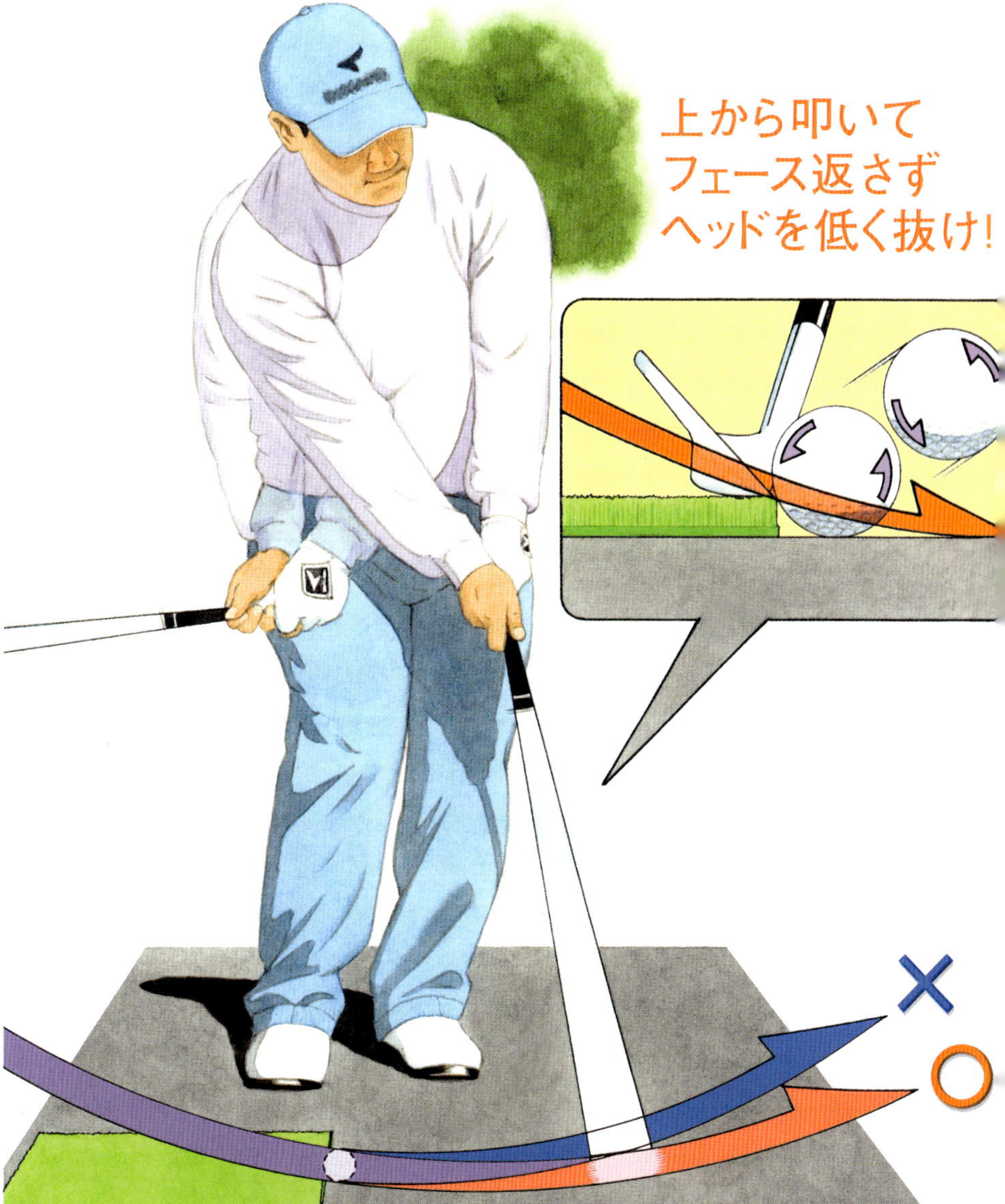

状況を見る アプローチで大切なのがまず、上げるか転がすかの状況判断。無理はミスにつながる。

ればアマチュアもスピンが効いたアプローチを打つことができるのです」

あこがれのプロの技さえ決して夢ではない。では、まず基本的にアマチュアが習得すべきアプローチの種類とは?。

「基本は3種類と考えてよろしい。フェースを返さず、フワッと球を上げてソフトに止めるアプローチが1つめ。これはコックを立てて打ちこまず、払うように打つのがポイントになります。続いて2つめがフェースを返して球足を出すアプローチ。これはインパクト以降、ヘッドのトゥ部分が天井を向くイメージを持って振り抜きたい。最後がヘッドを上から鋭角的に入れてスピンで球を止めるアプローチ。この3つを押さえておけば、怖いものはありません」

最初の2つ(フェースを返すものと返さないアプローチ)は、基本の30ヤード(クラブを腰から腰まで振って30ヤードを打つ)をおさらい(注=パートⅠで記述)していただきたい。

卓球のラケットでスピンのかけ方を説明する優氏

「今回は皆さんがあこがれる、スピンでボールを止めるアプローチに的を絞りましょう。まずテークバックですが、コックを使って右ひじを早めにたたみ、ヘッドを一気にトップまで持っていきます」

スピンをかけるためには、ある程度のヘッドスピードが必要。高い位置からヘッドを鋭角的に下ろすのはそのためだ。

「上からボールを叩いたら、フェースは返さず、低くヘッドを抜く。これでグリーンに落下して2バウンドめにスピンがかかり、キュキュッと止まるアプローチが完成です」

このアプローチで禁物なのが、球の手前を叩くダフり。ダフるならトップの方がまだ救いようがある。

「**上から叩いてボールに縦回転を与える**このアプローチは練習場でも体感できます。マットからはみ出した位置（マットの左端※）にボールを置き、マットとボールの間ぎりぎりにクラブを入れ、**ウエッジの歯の部分で打つ**練習をしてみてください」

〝歯打ちドリル〟を実践すれば、多少沈んだライからでもスピンが効いたあこがれのアプローチが打てるようになる。アプローチの練習も、ただばく然とこなすのではなく、フェースを返す、返さない、歯打ちなど、さまざまなバラエティーを取り入れることで、眠っている感性を開花させることができる。

（※マット上ではなくマットの外。マットの高さがあるので、外に置くとボールが沈んだ状態になる。ボールの右後方がマットに接するようにボールをセットする）

優ポイント

「基本に忠実」が一番

球をフワッと上げて止める。球足を使って寄せる。スピンを効かせて球を止める。これら3つのアプローチをマスターすれば、グリーン回りからの寄せが楽しくなる。基本は3つでもフェースの開き方や振り幅を変えればバラエティーは無限大にふくらむ。

兄妹のなかでアプローチの感性が一番豊かなのは優作で、ときには想像を超えた技を駆使して私を驚かせてくれます。が、技術があるだけにその技におぼれ、たまにとんでもないミスを犯すこともある。その点、藍は自分のできることだけを淡々とこなすタイプ。でも、藍のほうが結果が出ているということは、アプローチも基本に忠実なほうが、本当は一番確率が高いといえるのです。

難しい技をマネしたい気持ちはわかりますが、いざというときは自分がもっとも得意なアプローチを小細工せずに行うこと。この姿勢を忘れないでいただきたい。

ドリル21

苦手バンカーから V字で脱出する秘策!!

砂が柔らかければダフってかき出せ!!

バンカー脱出は決して難しい技術ではないが、状況による心理的パニックでミスが多く出る。打つ前にまず、冷静に脱出させるイメージを描くこと。さらに球を上げるには、バックスイング、フォロースイングとも高く、意識的に振り幅を大きくとることが大切だ。

まずイメージ

バンカーに苦手意識を持つアマチュアは多い。特にアゴのあるバンカーや下が硬いバンカーは、1回で脱出するのさえ困難。はたして苦手意識を払拭する秘策はあるのか?

「バンカーに入ったとたん〝あっ、またバンカーか。イヤだな〟と思うのと〝よし、任せとけ〟と思うのとでは結果は全く違います。バンカー自体は決して難しいわけじゃない。バンカーに入った時点で脳がパニックを起こすからミスが出る。

多くの失敗は技術的なものは少なく、心理的なものによって起こることを知ろう。

潜在的な恐怖心　バンカーショットの名手ジーン・サラゼンが、ミスの原因をこの言葉で分析している。

いかに冷静に頭の中を整理するかが、最大の課題です」

だが、ただでさえ練習する機会が少ないバンカーでパニックになるなといわれても難しい。

「確かに練習する機会がないのは問題。でも、だからこそイメージトレーニングが大事なんです」

まず、アゴが高いバンカーから脱出させる場面を想定して、頭の中を整理してみよう。

「下が柔らかければ、たとえアゴがあってもダフりさえすればいいので、脱出は簡単。スタンスをオープンに構え、ダフりやすいようにボールを左足前に置きましょう。クラブ軌道の最下点より前（左）に球を置くことでダフる準備は整います」

もう一つのポイントが、テークバック。

「自分の体と平行にクラブを上げ、体に沿ってクラブを振る。そうすればスタンスが開いている分、軌道はカットになり球は上がります。このとき、右ひじを早めにたたむ意識を持つとよいでしょう」

高く！高く!!

球が上がらない最大の原因は、バックスイングの振り幅が足りないこと。さらにフィニッシュの高さも足りないことにある。

「トップとフィニッシュが高くなければ球の高さが足りずアゴを越せません。大事なのは砂をドスンと叩いて終わりではなく、しゃもじ（フェース）にしっかりボールを乗せてかき出すこと」

アゴにボールを引っかけて、球が足元の同じ場所に転がり戻ってくるなどの悲しい思いはよくあることだが、それはフォローでの振り抜きが足りなかったからなのだ。

「平らに丸くクラブを振るのではなく、V字の軌道を意識してください」

さらにバンカーから球を上げるためのとっておきのテクニックが、これ。

「トップで左手甲を甲側に折ってクラブのソールを上に向けるとダウンでそれがひっくり返

り、背中（底）からヘッドを砂に叩きつけることができる。これがバウンスをうまく使ったバンカーからの脱出法。柔らかい球を打ちたいときには特に効果的です」

できればバンカーがある練習場で砂と友達になりたいが、イメージをクリアにするのがバンカー脱出の第一歩。次回は、下が硬いバンカーからの脱出方法を検証する。

トップとフィッシュが高い藍

優ポイント

世界の女王も「まずイメージ」

04年、藍が挑戦した全英女子オープン。私が注目したのは、やはり女王アニカのプレーでした。大会2日目、アニカは最終ホールでグリーン脇のポットバンカーにつかまりました。そこでアニカがしたのは右手で手刀を作って何度も振り下ろし、ヘッドが砂をとらえるイメージを鮮明にする作業だったのです。彼女の頭の中では、クラブのどの部分で砂を爆発させ手前のピンに寄せるか、その考えが走馬灯のように駆け巡っていたのでしょう。

ゴルフはイメージです。打球のイメージをいかに明確に描けるかがショットの正否を決めます。「バンカーは苦手」と逃げ腰にならず、イメージのなかだけでも楽にバンカーを脱出する自分を思い描いてみてください。怖がりためらうからミスが出る。しかし、成功のイメージをふくらませることができれば、脱出は決して難しくないはずです。

ドリル22

「砂が薄い」「カチンカチン」のバンカー脱出法

ゆっくり、しっかり〝ホームラン〟防止へ イメージはロブショット

バンカーにもさまざまな状態がある。例えば砂が薄く、下が硬い場合など、必ずしも基本の打ち方が適しているとはいえないケースもある。下が硬いバンカーのとき、トップのミスを避けるために「ゆっくりとしっかり打つ」が宮里流の極意だ。

プロでも〝困難〟

下が硬いバンカーはプロさえ手を焼く難所である。その硬いバンカーからフワッと球を柔らかく打つ秘策はあるだろうか。

「下が柔らかいバンカーはダフらせればいい、と前項で話しました。しかし、下が硬い場合はそういきません。ダフらせるとクラブの底のバウンスが跳ね、上がり際にヘッドがボールの頭を叩いてトップするミスが出てしまう」

砂が薄い、あるいは下が硬くしまっている場合、やはり、一番怖いミスはトップだ。グリーンを飛

ときの足裏の感触、足場を固める際の足のもぐり方の度合いなどが、その目安となる。

び越えて反対側のバンカーに再びつかまってしまうなどの悲劇は避けたいものだ。

「考えなくてはいけないのは、ダフってもバウンスが跳ねないスピードでクラブを振ることです。バンカーでは、下の状態はおかまいなしに砂を爆発させようとしてヘッドを叩きつけるイメージが強いが、そうではなく、状況に応じてゆっくりと振る工夫も必要なのです」

砂の確認 砂が柔らかいか硬いか。バンカーでは打つ前にまず、この確認が必要となる。踏み入れたもちろん、ゆっくりしたスピードでクラブを振ってもインパクトで力を緩めるのは禁物である。「ゆっくりというと、力加減まで弱くしてしまう人がいるが、それは間違い。〝ゆっくり〟でも〝しっかり〟でなければいけない。たとえていうならロブショットのイメージです。グリーン回りで球をフワッと上げるときの要領を思い出せばよろしい」

力は「緩めない」

スタンスをオープンに構え、体に沿ってクラブを振るカット軌道で球を上げるのがロブショットの要領。ヘッドスピードを極力抑え、フェース面にボールを乗せてフワリと球を浮かせるのがコツだった。

「そのとおりです。スタンスはオープン、軌道はアウトサイドイン。ボールの位置は左足の前に置くとダフりやすいので、スタンスの中心より気持ち左くらいでいいでしょう。また、フェースを開きすぎるとバウンスが跳ねるので、開きすぎ

優ポイント

南アフリカで行われた05年W杯で藍は日本代表として初代チャンピオンに輝くことができました。

第1日の6番では、第2打がアゴの高いバンカーにつかまりながらサンドウエッジでピンそば1メートルにピタリとつけてバーディーを取るなど成長を感じさせたのですが、大会を通して気になったのがアプローチでした。アドレナリンが出すぎたのか、飛びすぎてグリーンをオーバーする場面が再三あったのです。

口では楽しみながらプレーしているといっても、やはり世界の舞台で気負いが出たのでしょう。藍は普段から最終日になるとアドレナリンが出て球が余計に飛ぶようになります。これからは緊張した場面でも普段と変わらないような訓練も積まなければならないでしょう。

アマチュアの方も下が硬いバンカーではつい力が入りすぎてしまうもの。力みを抑え、ゆっくり振れるよう努力してみてください。

藍に必要な平常心の維持

ないように心掛けたい。手首を柔らかく使って球をフワッと上げるイメージを持ってください」

下が硬いと力任せに脱出しようとしがちだが、硬いときほど柔らかいショットが必要となるのを頭に入れておきたい。

「バンカーを練習する場所がないときは、練習場でロブショットを打ち、ゆっくり、しっかりと振る感覚を体になじませる訓練を積んでいただきたい」

もう一度、整理してみよう。まず、下が柔らかいバンカーではボールを左足寄りにセットし、V字軌道で鋭角にクラブを振りフィニッシュの高さを出して球を上げる。逆に下が硬い場合はヘッドを砂にドスンと叩きつけず、ロブショットの要領でゆっくり、しっかりと振るのが最大のポイント。イメージをクリアにすることかバンカーに対する苦手意識を克服することに結びつく。

手首を柔らかく使ってバンカーショットを放つ優氏

ドリル23

肩は地球と水平 ヘッドは斜面と水平

左足下がり グリーン奥「危険ゾーン」からの脱出

グリーンをオーバーしたときのアプローチは概して難しい。だいたいラフ、左足下がりの傾斜、グリーンも下りというケースが多いからだ。アマチュアに多いトップ、再びオーバーのミスをどう防ぐか。フワリと上げて止める球を打つ方法を学ぼう。

軸は傾けない

日本のゴルフ場にはグリーン奥に危険が潜んでいることが多い。オーバーした場合、左足下がりのきつい傾斜から寄せワンを拾うという状況が多いが、はたしてどんな裏技があるのだろうか？

「グリーン手前から攻めるのがゴルフの常道です。しかし、ときには裏（グリーン奥）から攻めなければならない状況もある。こういうとき、普通は球が上がらず、ゴロになることが多いが、斜面に沿ってクラブを下ろしフォローで一気にヘッドを上昇させるアプローチなら、左足下が

ある。クラブ選択、打ち方を含め、状況を細かく見極めてショットに臨むことだ。

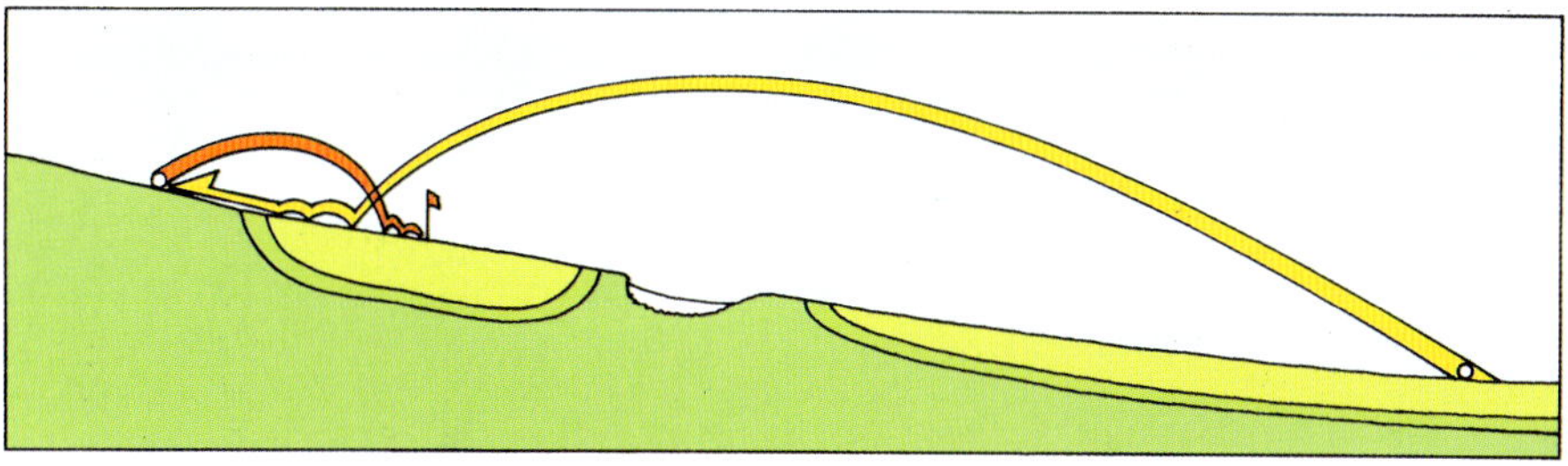

フワリと上げて
止める球を打つ方法

インパクト後も数センチ
斜面と水平に

状況に注意 グリーン奥は不整地が多い。ラフも深く、傾斜地もベアグラウンド（裸地）などのケースがりの斜面からも球を浮かせて攻めることが可能です」

ポイントは両足の高さが違うライで、どう構えるかということだ。

「肩のラインを傾斜に合わせ、軸を傾けて構えたのではグリーン奥の傾斜地でチャックリ、あるいはトップのミスが出ます。肩のラインは地球に対して水平が正しい。そうするために右ひざを曲げる角度を大きくし、上体を立て、軸を傾斜ではなく地球に対して垂直に保つことが大切です」

地面に沿って立とうとするとアマチュアの場合、あまりにも極端に左肩を下げて構えようとする。そうではなく、あくまでも上半身は平らなライから打つときのイメージを保ちたい。だから土台（下半身）で調整を行うのだ。

「距離によって振り幅は変わってきますが、決してトップを欲張る必要はありません。ただ頭に入れておくべきなのは、ヘッドを斜面に沿っ

優ポイント

藍もつい最近知りました…

04年シーズンの終盤、沖縄に帰ってきた藍に、たまたま左足下がりのややこしいライから球を上げる練習をさせたことがあります。賞金女王争いの真っ最中だったというのに、藍は左足下がりのライで肩のラインを斜面に合わせようとしていました。

私が「おいおい、そうではないだろ。肩は地球に水平。ヘッドは斜面に沿って下ろし、インパクトしてから跳ね上げたほうが確率は高いよ」とお手本を見せると、藍は「へぇ」と感心したものでした。

プロも感心するアプローチですが、実はアマチュアにも決して難しいわけではない。練習しだいでグリーン奥の傾斜が怖くなくなるはずです。どんなに足場が悪くても上半身にそれを感じさせてはいけません。左右のひざを折る角度を巧みに調節して上体を常に高く垂直に立てる。この意識はすべてのショットに共通します。

左：こんな斜面でも下半身は傾斜にあわせて、上半身は平になるように
下：クラブは短く持ち、リカバリーショットを

て下ろし、インパクトでボールをとらえてから、そのヘッドを一気に天に向かって跳ね上げることです」

奥から手前に傾斜しているグリーンは通常、球を止めにくい。が、この打ち方ならフワリと上げて止めることができる。

最後は〝天へ〟はね上げろ！

「くれぐれもヘッドがボールをとらえてから数センチ過ぎるまでは斜面に沿って下ろしていただきたい。（ヘッドを）跳ね上げるのはその後。さもないと、とんでもないトップボールが出て傾斜を転げ落ちることになりますから」

ときには練習場でも、右足の下にカゴなどを置き、それを踏んで足元を不安定にし、傾斜を想定したアプローチを練習しておきたい。そうすればグリーン奥の危険ゾーンに対する苦手意識も払拭されるだろう。

「どんなときも打ち急ぎはミスのもと。早くグリーンに乗せておきたい気持ちはわかるが、余裕を持って料理すること。また、ライが悪ければ、右足よりずっと右に外れた位置に（ボールを）置くという選択肢もあることを覚えておいてください」

要はイマジネーションを駆使してさまざまなアプローチに挑戦する中で、その感触を頭ではなく体になじませ、感性に染みこませることがスコアメークアップにつながる。

ドリル 24

テークバックとダウンは同じ速度で 確実に"入るパット"を生み出す振り子打法

微妙なタッチが求められるパットで最も気をつけなければならないのが「テンポ」だ。行き（テークバック）と帰り（ダウン）のストロークの速度を同じにすること。それがヘッドの安定感を生む。ひもに吊るした錘《おもり》を左右に揺らし、日ごろから同じテンポを養っておこう。

打ち急ぎは厳禁

いくらショットがよくてもパットが入らなければスコアにならない。ドライバー・イズ・ショー、パット・イズ・マネー。1ラウンド、3〜5ストロークを縮めるためのパット術を聞いた。

「04年シーズン、優作はパットに苦しみました。不調の原因はズバリ、パッティングのテンポが悪かったこと。行きと帰り、つまりテークバックとダウンのテンポをそろえることが、インパ

トをゆるめてしまうなど、行きと帰りのテンポの違いがミスにつながることを覚えておこう。

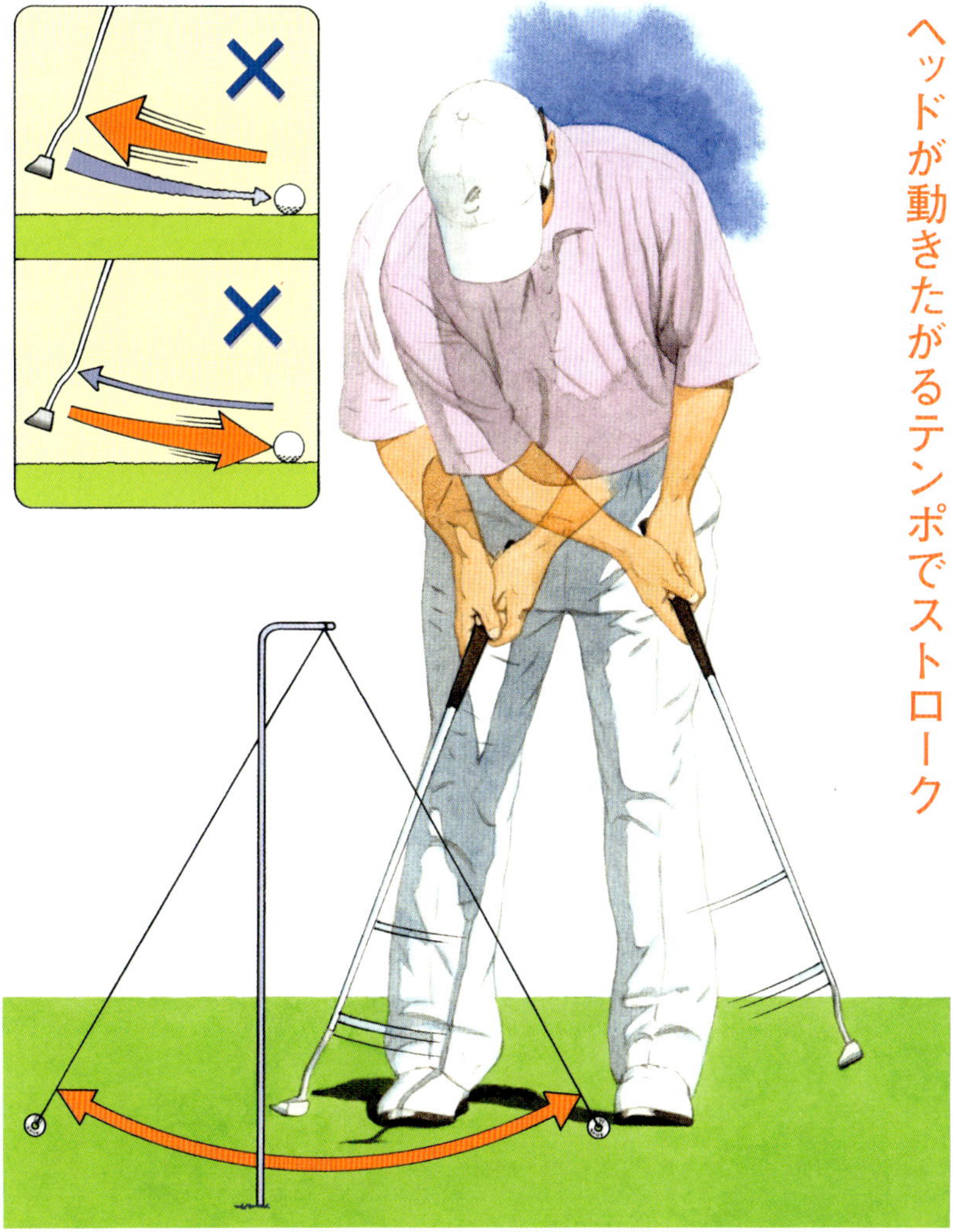

ヘッドが動きたがるテンポでストローク

クトでフェースをスクエアにしてボールをとらえるための条件なのですが、優作はダウンを急ぎすぎていました」

　振り子運動を思い浮かべるとわかりやすい。ひもの先につけた錘《おもり》を揺らすと、行きと帰りのテンポは同じ。この動きが、正しいストロークのヒントになる。

「テンポがよけ

ショートパット　1メートルくらいの短い距離こそ、しっかりしたストロークが必要となる。インパクればヘッドの動きは安定します。無理矢理、自分で錘＝ヘッドを操作するのではなく、錘が動きたがるテンポでストロークすることが大事なのです」

繰り返し素振り

では理想のストロークを実現するために最適のドリルとは？。

「振り子に合わせて」とパッティングを指導する優氏（左）

「振り子運動に合わせてストロークする練習をすればよろしい。ひもの先にたとえば50円玉か何かの錘を吊り下げます。それをどこかにぶら下げ揺らしてみてください。この振り子の動きに合わせてストロークすれば理想のテンポを手に入れることができる」

普段、行きと帰りの速度が違うとしたら、それはどこかでストロークを調整しようとしている証拠だ。テークバックを大きく引きすぎてインパクトでスピードをゆるめたり、ダウンで打ちに行ったり……。一定ではないテンポがミスヒットの原因になっていることは多い。

「ボールをたくさん打つよりも、むしろ、吊るした振り子のリズムに合わせ、繰り返し素振りを行ったほうがパッティングは上達します。これは間違いない。リズム一つで1ラウンド3つあるいは4つスコアを縮めることができるはず」

グリップは五分の力で握る

テンポよくストロークするためにもう一つ、重要なことがある。

「グリップ圧です。あまりギュッと強く握りすぎると、リズミカルにストロークすることは難しい。**できるだけソフトに握る**ことが振り子運動を成功させるためのポイントです。タイガーは五分の力というが、アマチュアも、ギュッと握って五分まで力をゆるめた状態で握っていただきたい」

テンポが整えば、インパクトでのフェースの向きも整ってくる。これで方向性は約束されたようなもの。あとは振り幅で距離感を出すだけだ。いいリズムが〝入るパット〟を演出してくれる。

優ポイント

優作の理想は星野プロのテンポ

04年のある試合で優作は大学の先輩・星野（英正）プロと一緒になりました。その週、優作はショットが好調で爆発的なスコアが出てもおかしくなかったのにパットが入らず、結局、星野プロの後塵《じん》を拝しました。

なぜか？　パッティングのテンポの差です。星野プロは行きと帰りが等しい完ぺきなテンポで振っていましたが、対する優作はトップから急にストロークが早くなるため、すべてのパットがカーン、カーンと攻撃的。トロトロと転がりストンとカップに吸いこまれるスムーズさに欠けていました。グリップをきつく握りすぎたことにも問題がありました。強く握れば余計な力が入りますから。ラウンド後、いかに星野プロのテンポが完ぺきだったかを言い聞かせてから優作は変わりました。星野プロを見習いテンポが見違えるほどよくなったのです。今年こそ、その成果を発揮してくれることを期待しています。

ドリル
25

「入れば何でもOK」でも確率を上げたいなら…

パットの精度を高める「真っすぐ引いて真っすぐ出す」

パットに型なしとは古くから使われている言葉。要は入ればいい。しかし、入れるためには打ち方の基本を会得しておきたい。ストロークは厳密にいえばインからインに抜ける軌道となるが、目標に向けて真っすぐ、ストレート・トゥ・ストレートを意識することで確実性は増す。

あくまでもイメージ

パッティングははたしてインサイドインなのか、ストレート・トゥ・ストレートなのか？　どこからでもパットをねじこむためのイメージ大作戦はこれだ。

「パットは入ればよろしい。しかし、そのためには理にかなった打ち方をしなければなりません。軌道が安定していれば入るでしょうし、フェースが揺れたりブレたりすれば当然入らない。では、どんなイメージを持てばいいのか。へッ

のが構え、特にボールが目の真下にくるようにセットアップすることが必要となる。

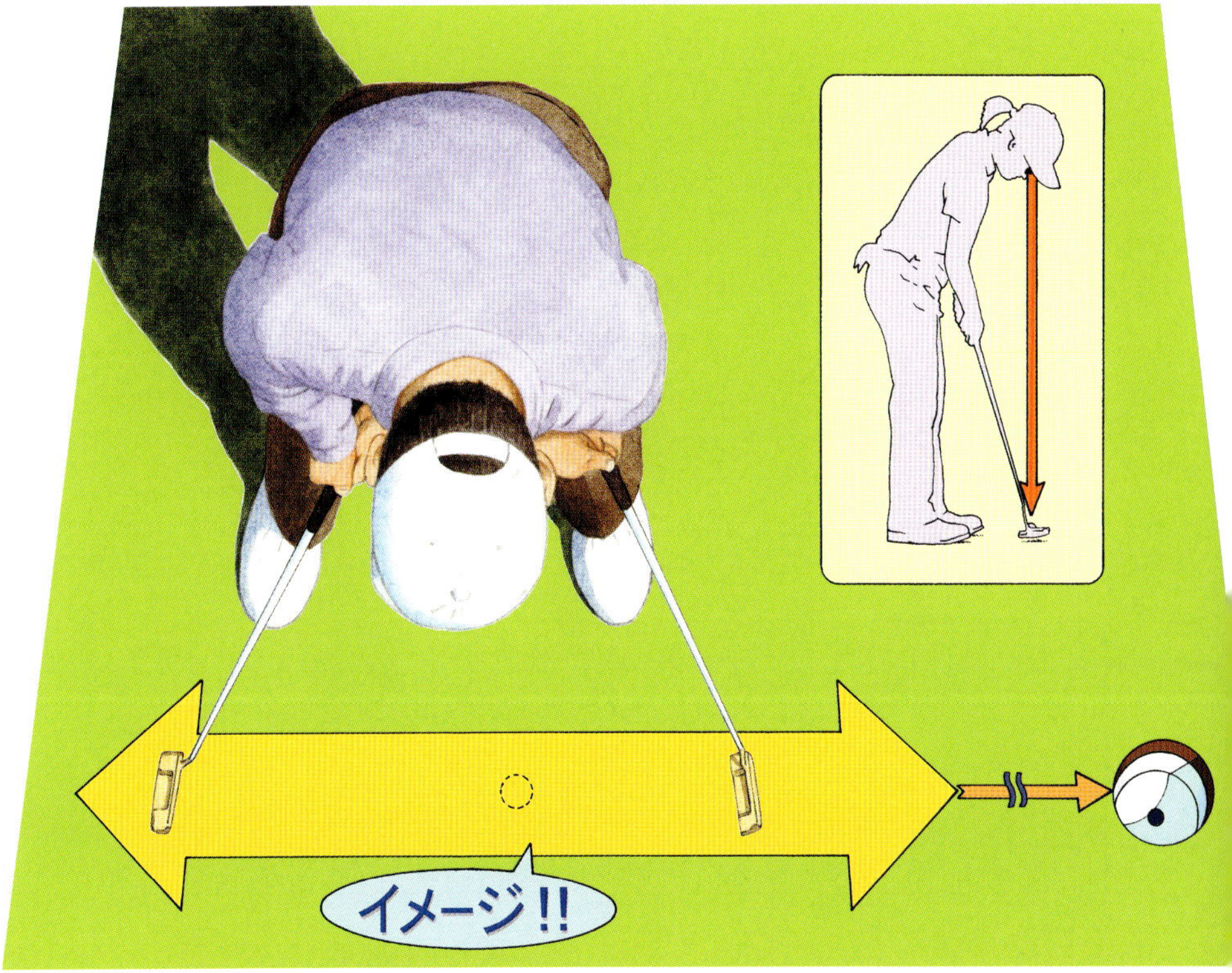

Straight to Straight で 確実性が増す!

正しいセットアップ ラインに対しパターのフェースをいかにスクエアに動かすか。そのために大事なドをカップに向けて真っすぐ出すイメージを持つのがよろしい」

ヘッドを目標に向けて真っすぐ出すイメージならストレート・トゥ・ストレートということになる。

「厳密にいうと体に沿ってストロークを行うわけですから、長く引けば引くほどヘッドはインサイドに入り、イン・トゥ・インのゆるやかな曲線を描くはずです。が、インサイドインのイメージが強いとアマチュアはどうしても極端にインに引きたがる。だからイメージとしてはストレート・トゥ・ストレートのほうがいいのです」

優作プロはよく、ほぼストレートだが、よく見るとゆるやかなカーブを描く巨大な木製のブーメラン（ブーメランほど曲がっていないが）のような器具を足元に置き、そのゆるやかな曲線に沿ってストロークする練習を行っている。

「曲線に沿ってストロークをするのは、あくまでもそれ以上インに引きすぎてはいけないとい

優ポイント

右脇は締めすぎない

05年開幕戦のダイキンオーキッドで藍はパットが絶不調でした。でも私から見れば原因は明らかでした。フォローでヘッドをインサイドに抜きすぎていたために軌道がカットに入り、最後までカップに嫌われたというわけです。

初日が終わってから練習グリーンにひもで真っすぐな線を引いて、それに沿ってストロークする練習をさせましたが、自分のものにすることができず「これじゃ、まぐれでしかパットは入らないな」と思っていたら案の定、懸念が的中した形となりました。

フォローで左脇を締めすぎるとヘッド軌道がカットになり、短い距離が入らないという現象はよく起こります。昨年の優作にもその傾向が見られました。やはり、パットはストレート・トゥ・ストレートでなければ転がりも悪いし、好結果も望めません。

う、いわば限界を知るため。意識しなくても長く引けば自然とヘッドはインサイドに入ってくるのだから、意識としてはボールと目標を結んだラインに対して真っすぐヘッドを引き、真っすぐ出すイメージを持つべきです」

ボールは目線の真下

もちろん基本は目線の真下にボールをセットすること。ショットと同じつもりで目線より外（遠く）にボールを置くと、真っすぐ引いて真っすぐ出すイメージはわきにくい。

「藍もそうですが、疲れてくるとボールから離れる傾向があります。ショットはシャフトが斜めになりますが、パットはなるべく垂直にクラブを垂らして打ちたい。ボールの位置には気を配りたいものです」

手首をこねるのも当然NG。

「手首を使ってパターを操作するとフェースがロールしやすい。両腕がつくる三角形を崩さない意識を持ち、肩でストロークしてください」

前項で、行き（テークバック）と帰り（ダウン）のスピードを同じにすることで正しい振り子運動を体得するドリルを学んだが、フェースを真っすぐカップに向かって出すストレート・トゥ・ストレートのイメージを加えることで、さらにパッティングの精度を上げていただきたい。

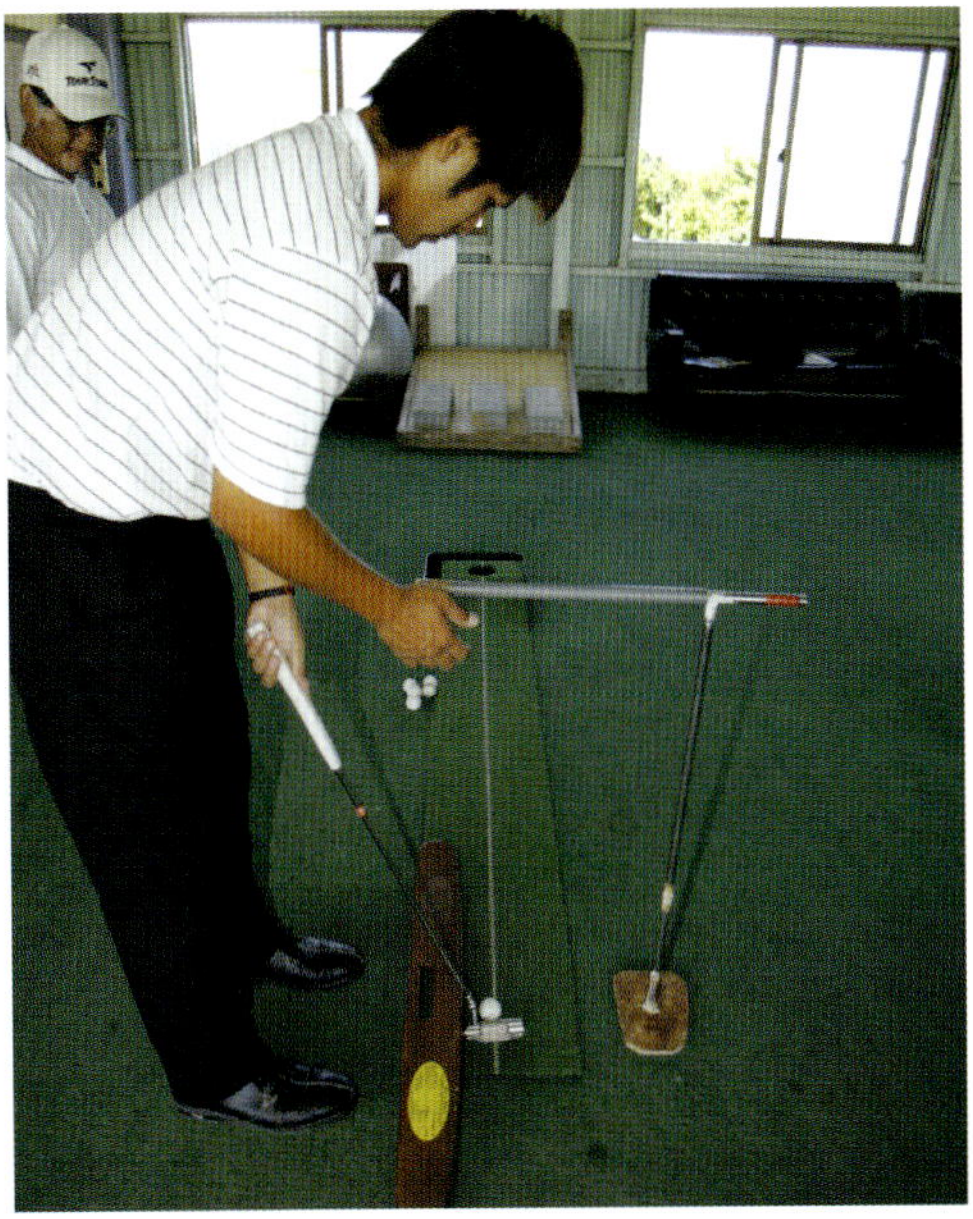

ブーメランのような器具を使いパットの練習を指導する優氏（左）

ドリル26

《実践編》1メートルを着実に沈めるコツ

息をフッと吐き脱力感出してよどみなく

世に〝練習場シングル〟は多い。練習場ではいいのにコースに出るとスコアはボロボロ。藍ちゃんの強〜い精神力にあやかりたいと願う日々だ。そこで今回からコースで役立つ実践的マネジメント術をお届けしよう。第1弾のテーマはショートパット。1メートルのパットはなぜ外れるか？

ストロークが悪くなりやすい距離

短いパット、特に1メートルを外してスコアを崩してしまうケースというのは結構多いものだ。

「1メートルのパットは入って当たり前と思いがちですが、振り返ってみると1メートルを外したがゆえに90が切れない、80が切れない、という人は多いのではないでしょうか」

たら、れば、はゴルフに禁物だが〝もしあそこで3パットしなければ〟と悔やんでも悔やみ

直結する大事なストロークとなる。気を緩めずに自信を持ってしっかり打つこと。

スタート前にカップインの〝音〟を体に染みこませる

「入る!!」

コン!!

パット・イズ・マネー　300ヤード級のショットも1メートルのパットも同じ1打。ショートパットはスコアに

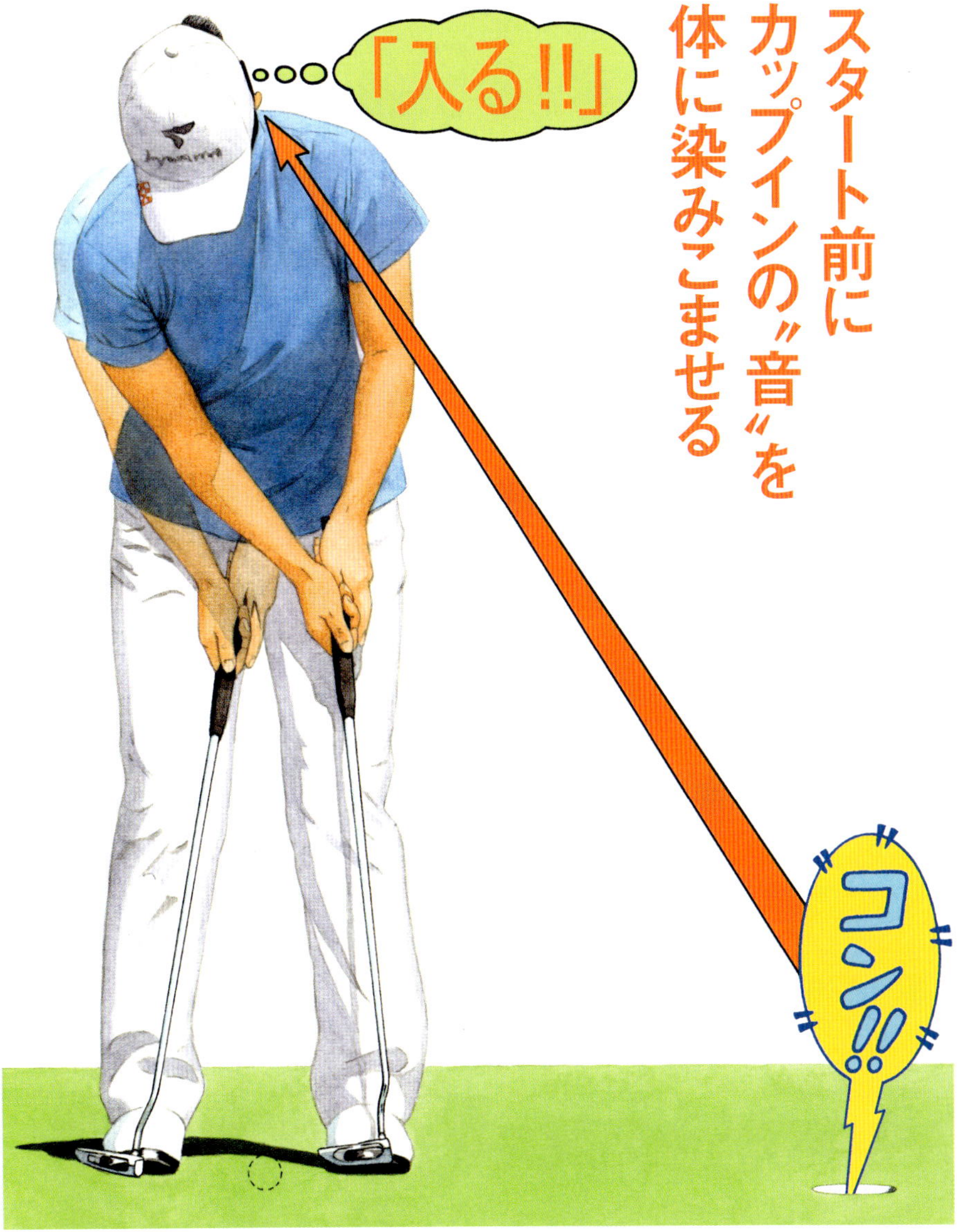

きれない思いは誰もが経験ずみのはずである。

ではなぜ、1メートルを外すのか？

「それは至極当然のことです。というのも1メートルはストロークがもっとも悪くなりやすい距離だからです」

カップはもう目の前。目標が見えているから気持ちもはやる。ストロークなどどうでもいいから一刻も早く入れてしまおうという思いがミスを招く。

「入れたい気持ちが先行してアドレナリンが一気にあふれ出る。その結果、筋肉が萎縮した状態になってしまうのです。肩が硬くなり、ストロークがおろそかになるから、小手先で対処してしまう。こうなるとヘッドの芯でボールをとらえることは土台無理。そうならないよう普段からプレッシャーに耐える練習をしておかなければならん」

プレッシャーに耐える練習とは、いったいどんなものか？

「まず考え方を変えることです。80センチをバカにすれば80センチに泣かされます。80センチだからこそ、ていねいにストロークする。入るだろうとタカをくくるのではなく、行きと帰りの（ストロークの）スピードを同じにし、日ごろからスムーズでよどみのないストロークを心掛けていただきたい」

自己暗示が必要

スタート前はロングパットにウエートを置きがちだがそうではなく、1メートルを確実に沈め、カップインするときの〝音〟を体に染みこませる。「今日は入るぞ」と自己暗示をかけてスタートするほうが実戦では効果がある。

「長いパットは入ったら儲けものと思うべし。肝心なのは1メートルのパットです。はやる気持ちで体が硬くなったら深呼吸をすればよろしい。人間の体は息を吐いたとき楽になるものです。体じゅうの酸素をすべて吐き出し、脱力感を出すと肩がスムーズに動き、短いパットも平

常心で打つことができます」
日ごろからショートパットがカップインするときの快音をなじませて〃入る〃イメージトレーニングを行い、コースでは息をフッと吐いて肩の力を抜く。これが1メトルを着実に沈めるコツといえそうだ。

聖志(左)、優作のパッティング練習を見つめる優氏

優ポイント

1.5メートルのパット 徹底的に打ちこんで

04年から私がいいつづけているのが、ショートパットの重要性です。藍が最後まで賞金女王争いに加われたのも、聖志が沖縄オープンで優勝できたのも、1.5メートルのパットを徹底的に打ちこんで自信をつけたからです。

プロにとって1.5メートルは〃入れなければならない〃距離。アマチュアは最低1メートルは外したくありません。聖志が一昨年シード落ちしたのは、この距離が入らなかったからです。パッティングでは両手のひらが向き合い、その間を斜めにグリップが横切るスタイルが理想ですが、以前の聖志は左手をフィンガーで握りすぎていたためにテークバックを手首で上げフェースが揺れて思ったところに球を打ち出せずにいたのです。

それを直し、グリップをパームに変えたことで1.5メートルを外さない下地ができました。ショートパットこそスコアメークの要。そう肝に銘じていただきたい。

ドリル 27

《実践編》パー3で大叩きしない方法

砲台グリーンや打ち下ろし風 最悪を想定し次善の策で

ショートホールを無難にクリアすることでスコアは大きく変わってくる。パー3のホールは距離が短い分、気持ちが緩みがちとなり結構、大叩きするケースが多い。グリーンを外してもアプローチしやすいところを計算するなど慎重な作戦が必要となる。

右に外しても球足を使える

アマチュアが〝チャンス〟と思いがちなパー3は、実は落とし穴がいっぱいある。パー3で大叩きしない方法を聞いた。

ミスが命取り

「パー5は2つミスをしてもパーを取ることが可能です。パー4は1つのミスまでなら許される。ところがパー3は1打のミスが命取りになる曲者のホール。ゴルフはパー3が難しいということを肝に銘じ、気持ちを緩ませないことが大叩き

ドバンカーなどやっかいなものが多く、外してもパーを拾いやすい場所にしたい。

コース攻略 まず第一に考えるべきは、ミスしたときに最悪のケースにならないこと。パー3は複数のガー

女子トーナメントでは珍しく距離のある200ヤードのショートホール。藍でもウッドで攻めなければ届かない

を未然に防ぐコツです」

確かにチャンスと思って挑んだパー3で大叩きをすると、難しいパー4でダブルボギーを叩いたときよりもダメージは大きい。

「なぜパー3が難しいか。それは距離を考えればわかるでしょう。最近はパー3も150ヤード以上のホールが多いが、これはパー4のセカンドよりも距離が長い。そこから3打で上がるのは結構大変ですよ」

ではパー3のティーグラウンドに立ったとき、何を最初に考えればいいのだろうか？

「心構えとしては、どこを狙えば最悪のパターンは防げるか、を考えることです」

砲台グリーンの左端にピンが立っているとする。この場合、ピンをデッドに狙って左に外すと、カップが近くグリーン面を使うことができないため難しいアプローチを残すことになり、パーセーブも難しい。ならばピンではなくグリーンセンターを狙い、たとえ外れたとしても右に外せばカップが遠く、球足を使えるから、アプローチで寄せてパーを拾えるチャンスは広がる。

「グリーンの幅の使い分けを決めていくのが大事。ピンが近いほうに外すと厄介なことが多いものです。できればグリーン面を有効に使える外し方を考えていただきたい」

強風では球を上げない工夫

また、ティーグラウンドとグリーンの高低差があるパー3では、風の計算が攻略のための大

きなポイントになる。

「打ち下ろしのパー3では旗が谷にあるため、風の計算が難しくなります。そういうとき、何を参考に風向きを推察すればいいか。答えは雲。雲ひとつない快晴の場合は仕方ないが、雲がどちらの方向に向かっているかで風を判断するのがもっとも理にかなった方法です」

風が強いときは、なるべく球を上げない工夫も必要となる。

フォロー低く

「風が強いときは、ボールの位置を右足寄りにセットし、フィニッシュまで振り抜かず、フォローを低い位置で止めるショットが有効です。球が必要以上に上がらないため、風の影響もさほど受けずにすむでしょう」

一見やさしいパー3を、見た目どおりやさしくプレーするには、ティーショットに緻密な計算が要求される。「最悪を想定して最善を尽くすべし」である。

優ポイント 藍も気緩み…〝餌食〟

05年クラフト・ナビスコ選手権の3日目。10番スタートの藍は、直後の11番でイーグルを奪いながら、池がらみの14番パー3で痛恨のダブルボギーを叩き、乗りかかった流れを断ち切ってしまいました。

グリーンの左サイドに池が広がるそのホール。3日目のピンポジションはグリーンセンターで、初日、2日目に比べて割合、やさしいところに切ってありました。おあつらえ向きのチャンスホール。ところがそれで逆に気持ちが緩んだのでしょう。藍のティーショットは左手前の池の餌食に。チャンスは一転、大ケガとなってしまいました。

アマチュアもパー3は〝チャンス〟と思うから必要以上に力んでミスをすることが多いもの。心の油断、はやる気持ち、それらがミスを誘発します。チャンスと思ったときこそ気を引き締め、確実にグリーンセンターを狙っていく。この心構えを忘れてはいけません。

ドリル28

《実践編》池越えでも平常心で打てる秘訣

池ポチャ症候群を治す〝おまじない〟イケイケ禁物、急がず〝池〟

実力はお墨つき。ところが、なぜか池を前にすると平常心ではいられず、必ず池の餌食になるというゴルファーは多い。池を前にしても動揺せず、確実に先に進むための秘訣は？

「レベル的には決して池になど入れるはずはない。なのに打ちこむ。池に対する過剰な意識がそうさせるのでしょうが、これは技術以前、メンタルの問題です」

池越えを苦手とするアマチュアは多い。普通に打てれば苦もなく越せるのに、なぜか普通でなくなってしまう心理面のいたずら。失敗を繰り返さないためには〝平常心〟を言い聞かせるしかない。緊張する人は緊張したときのクセを把握しておくことも大切だ。

バックスイングは半分のスピードで

多い。結果を早く確認したい気持ちが起こすミス。打つまでは球から目を離さないこと。

6I
↑
7I

ゆっくり…

ヘッドアップ 目の前にピンがあるときのアプローチ、また、池などの障害物があるときのショットに

なるほど。しかし、いくら気持ちの問題といわれても、池を目の前にすると普段と同じ状態ではいられなくなってしまうのだから仕方ない。

「人間ですから緊張する気持ちはわかります。そこで本当に大切なのは、緊張したときに起こるだろう自分のクセを把握しておくことのほうなのです」

池越えのショットを打つとき、たいていの人が陥るのが、早く結果を出して安心したいという心理から打ち急ぐという現象。

「早く振ろうとするからダウンで下半身のリードが効かず、手打ちになってしまっているのです。池があるときこそ〝テンポはゆっくり〟とおまじないのように自分に言い聞かせたい。バックスイングを普段の3～5割程度、ゆっくり上げることを心がけてみてください」

少しでも早く池を越してしまいたい。結果も気になる。だから早くルックアップしてミスが誘発される。これが池越え症候群だ。

優ポイント

アニカも緊張すると早まる「ルーティン」

緊張すると、さまざまな弊害が生まれます。グリップに力が入って上半身が固まり、手打ちになるというのがお決まりのコース。あのアニカでさえ緊張するとルーティンが2～5秒早まるというのですから怖いですね。

04年のダイキンオーキッドの最終日。藍は朝から食事がノドを通らないほど緊張していました。案の定、1番のティーショットは遠目にもルーティンがせかせかと早くなり、結果、左への引っかけのミスが飛び出しました。

アマチュアが池を目の前にすると緊張する気持ちは痛いほどわかります。150ヤード弱の何の変哲もないパー3でも、手前に池があるだけで人は平常心でいられなくなる。そういうときは息をフーッと吐いてみてください。上体の余分な力が抜けますから。緊張したときこそグリップ圧を緩めてゆっくりと振る。難しいが、それができてこそスコアアップが望めるのです。

「ルックアップが早いとダフり、トップもあります。池にだって簡単につかまるでしょう」

ショートホールでは大きめの番手選ぶ

では、あのフィル・ミケルソンが2発続けて打ちこんだザ・プレーヤーズ選手権の名物ホール、アイランドグリーンの17番とまではいかなくても、手前に大きな池がせり出したパー3はどう攻略すればいいのだろう？

「まずは大きめのクラブを選ぶこと。そしてティーアップを高めにして軽く振る。これが池越えのパー3の攻略法です」

大切なのは心の余裕。大きめの番手ならそれが持てるし、池の餌食にならず1発クリアの確率は高い。

また、パー3以外のホールでの池越えでも、アマチュアは無謀な判断で攻め、失敗するケースが多い。

「力と相談してください。ときには勇気ある撤退も必要です。池の手前にいったん刻み、アプローチでパーを拾う選択肢も忘れてはいけません。万が一、池ポチャしてしまったとき、その動揺を引きずって打てば同じミスを繰り返します。気持ちを切り替え、常に〝テンポはゆっくり〟のおまじないを忘れないでいただきたい」

結果を急ぐことでミスが出る。心の余裕こそが池越えのショットを成功に導く道なのだ。

バックスイングは普段の3倍ゆっくりと上げる気持ちで始動しよう、と優氏

ドリル 29

《実践編》砲台グリーンを攻略するコツ

目印はピンの頭 オーバー気分で思いっきり!!

砲台グリーンを攻略するコツは、思いきりのよさだ。カップが見えない分、距離感の把握が難しく、どうしてもショートが多い。実際は〝オーバーかな?〃と思うくらいの打感でちょうどいい。大きめのクラブでピンの頭を越すイメージが持てるかどうかの勇気が成否を分ける。

日本のコースに多い砲台グリーンは、アマチュアにとって攻略が難しい。ピンフラッグは見えてもカップが見えない状況。もっとも厄介なのが距離感だが、ピタリと寄せる方法は?

〝着地〃早いこと考慮して番手上げる

「砲台の状態によっても違ってきますが、ほとんどのアマチュアが打ち上げを甘く見ている。低い位置から高いところを狙えば、**球は通常より早く地面をとらえる**ことになるのだから、そ

を上げる仕事はクラブのロフトに任せ、しっかりと軸中心のスイングを心掛けたい。

ロフトを生かす　高い所を狙う場合、気をつけなければならないのが、しゃくり上げる動作だ。ボール

アップヒルから砲台グリーンを狙うトレーニングは練習場でもできます。カゴを台にして左足上がりを想定する優氏

の辺を考慮して番手を上げなければなりません」

では、番手を上げる目安になるのは？

「残りの距離やライの状態などによりケースバイケースですが、砲台グリーンという状況だけでも10～15ヤードは余計に打つつもりでよいでしょう」

つまり、ほぼ1番手は確実に大きなクラブを持つ必要があるということだ。

「一番の目安になるのがピンフラッグです。砲台グリーンを狙うときは、ピンの頭を越える球を打つイメージを持つことが大切。ピンの頭を越さないと手前で失速してグリーンに届いていないことが多い」

打ちすぎたかなと思うくらいで距離はちょうどいい。ピンの上を越えるイメージが正しい距離感を導いてくれる。

アップヒル対策　軸は地面に垂直

「ただし、球を無理に上げようとしないことが絶対条件です。砲台グリーンを狙う場合、たいてい左足上がりのアップヒルのライから打つことになりますから、ただでさえフェースが開きやすい。そのうえ球を上げようとして右足体重で打ったら、せっかく番手を上げても距離は足りなくなります」

球は上げようとするのではなく、ロフトどおりの距離を出すことを優先しなければならない。
「100ヤードを普段、PWかPSで打っているとします。砲台の場合はそこで9番を持つ。ただ体重を右にかけ、肩を斜面に平行にして打つとロフトは死んで9番の距離が出せなくなる。左ひざを余計に折る工夫をして軸を真っすぐに立て、**斜面ではなく地球に対して垂直な状態で打っていきたい**」

斜面に沿って立つのではなく、地球に垂直に立つ。それがロフトどおりの球の高さと距離を生み出すコツである。そのうえでピンの頭上を越す球を打つことが砲台グリーンの攻略につながる。

「オーバーかな？と思っても球は落下の勢いがつかないうちに地面に触れるため、行きすぎる前に止まってくれます。砲台が高ければ高いほど止めるのはやさしい。**ショートよりはややオーバーめのほうがピンに寄る確率は高い**でしょう」

ピンの頭を越すイメージで万年ショートのイライラを吹き飛ばそう。

優ポイント

「上げて止める」で確率アップ

近年主流のアンジュレーションがきつい大きなグリーンでは、面の傾斜やうねりに左右されないため、球を上げて一気にピンそばまで持っていくアプローチが有効になってきます。まして砲台グリーンなら、転がしてぴったり寄せる距離感をアマチュアに要求するのは無理。上げて止めるイメージを持ったほうが確率は高くなります。

球を上げるというと極端にフェースを開いたり、体を右に傾け、右足体重で打とうとする人が多いが、球を上げるのはクラブのロフトだということを忘れないでいただきたい。球を上げたいときこそ、下から上へすくい上げるのではなく、ヘッドを高い位置から低いところへ振り下ろすべきなのです。砲台グリーンでは特にロフトを生かす打ち方（ヘッドを上から下ろす）に徹したいものです。

ドリル30

視覚の錯覚に惑わされない正しい立ち方

《実践編》ドッグレッグホール第2打の攻略法

目標を定めて構える。ところが、この正しく立つということは、プロでさえ定期的なチェックが必要なほど難しい。コースに出ればなおやっかい。宮里流レッスンの最後は、錯覚が多いドッグレッグ・ホールを例に取り、ナイスショットにつながる立ち方の再確認で締めくくろう。

視覚的錯覚で狂う方向感覚

途中からフェアウエーが

大きくカーブするドッグレッグホールは、攻め方に戦略が必要となる。アマチュアが陥りやすいミスと、その対処法は？

「ドッグレッグのホールではアドレスが取りにくいという人が多い。それは視覚的に錯覚を起こしやすいからでしょう」

アマの「習性」

ティーショットは、自分の力量に応じてコーナーぎり

目標を定めたら、芝生の盛り上がりなど目標線上に目印を見つけ、向きを合わせること。

目印の重要性 コースでは周囲の景色、アンジュレーションなどによって正しい方向が惑わされる。

ぎりを狙う最短距離でいくか、やや遠回りでも正攻法でいくかを選択すればいい。問題はピンを狙う第2打である。

「第1打でドッグレッグのコーナーをクリアしてしまえば問題ないが、コーナーの手前に打球が止まった場合、アマチュアは必ずといっていいほど、左ドッグレッグなら右、右ドッグレッグなら左を向いて打とうとします」

なぜアマチュアにそんな習性があるのだろう?。

「ボールがコーナーの手前にあると、曲がった先のフェアウエーではなく、曲がる手前、つまり後ろのフェアウエーに平行に構えようとするのが人間の習性。不思議なことに見事なほどそうです。驚くのはジュニアも同じ傾向があることですね」

自分ではピンを向いているつもりでも、左ドッグレッグで右を向いてしまうのは、後ろのフェアウエーに無意識に体を合わせてしまうから。人間の平衡感覚は何とも惑わされやすいものである。

目印に平行に立つのはやさしい。が、周りの景色に対しクロスに構えるのは難しい。ドッグレッグで方向感覚が狂いやすいのは、フェアウエーの向きが2段階になっているからだ。

「視覚の錯覚に惑わされないためにも、普段から練習場でマットを斜めに使う鍛練を積むべきです」

「皆さん、上手になってくださいね!!」 藍、聖志、優作は両手を合わせて上達祈願のポーズ

では左ドッグレッグで右を向いて構えると、どんなミスが出やすいのか?。

「向きはどうあれ、人間は本能的にヘッドをピンに向かって操作(この場合は左に振る)しやすいため、間違いなくトップしてゴロが出ます。これは技術ではなくアドレスのミスと思ってよろしい」

上手い人と下手な人の差は、アドレスでいかに目標に対して平行=スクエアに立てるかどうかに出る。

「アマチュアはただでさえ右を向いて構えやすい。これは、目標に対して肩のラインを平行にすべきところを、直接(肩を)目標に向けて立つからです。そう考えると左ドッグレッグは特に曲者です。右を向いて構えやすい事実を念頭に置いてアドレスに留意しないと、いつまでたってもグリーンを陥れることはできんでしょう」

左ドッグでは右、右ドッグでは左を向いて構えやすいという人間の習性をしっかりと胸に刻みつけておきたいものだ。

優ポイント 大舞台でスクエアの大切さ知った聖志

球が曲がるのは、技術的な要因もさることながら、アドレスの向きの悪さに起因します。インパクトの瞬間、フェースの向きが分度器たった1目盛り分違っても、300ヤード先では7ヤードの誤差が出るといわれています。300ヤード飛ばす人は少ないが、フェースの向きが5度、10度と違えば200ヤード先の誤差は大きい。しかもアマチュアはアドレスの向きが簡単に10度も20度も違ってしまう。球は曲がって当たり前です。

聖志が全英オープンに出場したとき、右を向いて左に振る悪いクセが出ていました。メジャーの舞台で目標にスクエアに立てない選手など皆無。そこで私は結果を度外視し、目標に対してスクエアに構えることを彼に課しました。結果は予選落ちでしたが、彼にとっては、スクエアに構える大切さをメジャーという大舞台で痛感できたことが今では財産になっています。

あとがき

沖縄の名護市にある大北ゴルフ練習場に行くと、あるときは1階の全打席をジュニアがにぎやかに占め、あるときは2階の打席で本土からも足を運んでくる一般の生徒さんが一生懸命に球を打つ光景に出会う。

その中心には常に宮里優氏がいる。ジュニアに対しては「今は何でもいいんです。とにかく思いきり振ること、ボールを叩くことですね。(技術を)急いじゃいかん」と、のんびりした宮里氏。しかし、2階に上がると、それは一変する。生徒さんの一振りを見ただけで欠点を指摘、てきぱきとした矯正が始まるのだ。

それがいつも不思議だった。ある日、失礼を承知で聞いてみた。「一振りでわかるんですか?」。宮里氏が答える。「わかります。僕は動体視力もいい方ですから」。立ち方、バックスイング、トップでのクラブフェースの向き、ならばインパクトはこうなる。それらが瞬時に見える。適切な欠点矯正は見えるから指摘できる。

そういえば藍ちゃんは、試合中に何かが起きると、そのたびに電話で父の指示を仰ぐ。ボールが右に出る、左に行く、パットが合わない……など。翌日、ちゃんと矯正されているのは、適切なアドバイスがなされているからだろう。これは凄いことだと思う。

大北ゴルフ練習場にはまた、さまざまな小道具が置かれている。シャフトの先にバドミントンのラケットをつけたクラブ、卓球のラケット、糸の先におもりをつけた振り子、ゆるやかにカーブしたブーメラン状の板など。これらはスイング中のフェースの向きを確認したり、パットのリズム、軌道を確認したりするためのものだ。半端ではなかった猛練習でここまできた宮里氏の苦節がしのばれる工夫の数々でもある。

「パートⅠ」に続き「パートⅡ」も一冊にまとめられた。宮里流ゴルフ理論が詰めこまれた2冊のレッスン書は、練習場に持っていきたいほどだ。一振りごとに宮里氏に代わってこの本が欠点を指摘、矯正してくれることだろう。

スポーツニッポン新聞社　佐藤　彰雄

あなたのハンデを10縮《ちぢ》める
宮里流《みやざとりゅう》30のドリル

編著者	スポーツニッポン新聞社
発行所	株式会社 二見書房 東京都千代田区神田神保町1－5－10 電話 03(3219)2311［営業］ 03(3219)2315［編集］ 振替 00170－4－2639
編集協力	株式会社 カオス
印 刷	図書印刷株式会社
製 本	ナショナル製本協同組合

落丁・乱丁本はお取り替えいたします。定価は、カバーに表示してあります。

Printed in Japan.
ISBN4－576－05078－8
http://www.futami.co.jp

あなたのゴルフが劇的に変わる

宮里流31の秘密

宮里 優

スポーツニッポン大好評連載！
聖志、優作、藍の3兄弟を育てた秘密を大公開!!

●飛ばしの〝藍〟言葉、タメとキレ●右ひじ右脇ギュッ 遠くに飛ばす魔法のモーション●クラブを意のままに操作できるグリップ●絶対にミスが出ない10ヤード前後のアプローチ●一流プロの技に挑戦、ピンポイント「ロブ」の極意●ティーグラウンドの〝持ち球別〟活用法●スネークラインも高速グリーンも自信満々…ほか